Dian Noviyanti

Mengasuh itu Asyik

(Enjoy Parenting)

PIMEDIA

Mengasuh itu Asyik (Enjoy Parenting)
Dian Noviyanti

Penyunting: Ikhwanul Halim
Desain Sampul & Tata Letak: Tim PIMEDIA

Diterbitkan oleh PIMEDIA Bandung
2022

dedicated to

Allah Subhanahu Wa Ta'ala

KATA PENGANTAR

Alhamdulillah. Segala puji syukur atas segala nikmat pengaturan Allah. Pada setiap tetes inspirasi yang lembut dan menyegarkan, pada setiap kata yang tersusun menjadi kalimat, pada setiap hati yang membacanya, maupun yang mewartakannya.

Bismillah, memperkenalkan buku ke delapan saya yang masih bergenre *parenting*. Buku ini merupakan kumpulan tulisan di laman FB saya dari tahun 2019-2021, yang kemudian diinisiasi untuk dikompilasi dan diwartakan oleh Penerbit Pimedia.

Buku yang didesain agar ringan dibaca, *handy* untuk digenggam, muat dalam tas kecil untuk dibawa-bawa.

Materi tulisannya berisi *reminder* keseharian dalam berinteraksi dengan anak, karena *parenting* atau pengasuhan hakikatnya merupakan cara kita berinteraksi dengan anak. Bagaimana agar kita bisa menjalaninya dengan santai dan nyaman? Bagaimana agar interaksi ini membuat kita tumbuh bersama? Bagaimana agar kita tidak melulu fokus pada kendali perilaku yang tampak, melainkan berefleksi lebih dalam. Bahwa segala hal yang terjadi ada dalam pengaturan Allah, bahwa segala hal yang kita alami adalah panggilan-panggilan halus agar kita memohon pertolongan-Nya.

Kita adalah Bunda Hajar yang berlari-lari antara Shafa Marwa dalam rangka ikhtiar mencari air pengetahuan hingga Allah berkenan merahmati melalui air pengetahuan hakiki.

Kita adalah Bunda Maryam yang sabar menanti waktu yang tepat sampai bayi kecil itu menjadi pembela ibunya dengan penguasaan rahmat Allah.

Kita adalah Bunda Aisyah yang melindungi anak-anak kita dari ke-Fir'aun-an yang menyesatkan.

Kita adalah Bunda Halimah yang mengalirkan air susu demi masa depan seorang manusia, demi keberlangsungan umat manusia, demi pemikul panji keagungan syiar agama Muhammad *Shollallahu 'Alayhi Wassalam*.

Harapannya saat membaca tulisan ini dapat menguatkan kembali pundak yang lelah, membangkitkan semangat tang tadinya memudar. Dan mengorientasikan kembali peran diri kita sebagai hamba Allah.

Maka tiap tulisan selalu saya mulai dengan 'bismillah', karena ada doa yang saya sertakan bagi yang membacanya. Semoga keberkahan mengalir pada kita semua, baik yang menulis, membaca dan yang mewartakannya.

Amin Ya Robbal 'Alamin

So, Mommies.
Enjoy Parenting.

Dian Noviyanti

DAFTAR ISI

MEMBANGUN EMOSI POSITIF

Dear Mommies,

Kegiatan kognitif yang didapat anak melalui belajar (akademis) hanya menstimulasi otak bagian *lobus temporal* saja. Sedangkan fungsi otak yang membedakan manusia dengan hewan, yaitu pada *pre-frontal cortex (PFC)*, distimulasi melalui interaksi yang lekat. Interaksi ini sangat dipengaruhi oleh emosi.

Interaksi positif berasal dari emosi positif kedua belah pihak (orang tua dan anak).

Persoalannya, bagaimana membangun emosi positif yang timbal balik?

Pertama, dengan berempati pada perasaan anak.

Jika anak mengalami kesulitan atau hal menyakitkan, dukung dengan turut merasakan apa yang ia rasakan. Tidak mesti melulu dengan kata-kata, bisa melalui ekspresi atau sentuhan. Misal, jika anak jatuh, bantu ia meredakan sakitnya. Bukan malah mengatakan, “Nah kaaan ... Mama bilang juga apa!”

Tunjukkan sikap tulus, bukan dilandasi keinginan ‘menguasai’ atau ‘mengendalikan’ anak.

Kedua, komunikasi.

Komunikasi. Komunikasi. Perhatikan nada bicara.

Intonasi tinggi cenderung merangsang anak menjadi ‘*hi-arrousal*’ (meningkatkan emosi negatif sehingga anak jadi gelisah, cemas, uring-uringan). Pun hindarkan kalimat berulang-ulang, interogatif dan penuh kecurigaan, karena bisa menyuburkan perilaku kompulsi pada anak.

Hindari menyela anak yang sedang asyik bercerita, jangan lekas-lekas ingin 'meluruskan' anak dengan mendakwahi dan sejenisnya. Tugas kita bukan mendakwahi, melainkan menyuburkan potensi Illahiyyah dalam dirinya. Setiap anak memiliki nurani. Kuatkan nuraninya *(fu'ad)* melalui kisah-kisah inspiratif.

Interaksi yang baik adalah kunci untuk mengembangkan fungsi korteks agar anak lebih mudah 'diatur', lebih dialogis dengan orang-orang di sekitar, bisa memahami aturan/norma sosial, kendali diri juga baik, yang dapat memagari anak dari perilaku adiksi.

Mommies,

Sebelum bicara kepada anak, kita juga harus sering berdialog dengan diri, melakukan refleksi diri. Kadang kita tak sadar, perilaku anak adalah buah dari interaksi kita dengannya.

Selamat memeluk buah hati, *Mommies.*

3R

"Ibu, anak ini hanya butuh motivasi aja, kok, bu."

"Nah, kan, saya sudah motivasi anak ini habis-habisan. Waktu dia tidak mau ambil kelas eksak saya bilang ke dia, 'Ayo Kak, coba dulu. Kakak pasti bisa asalkan lebih giat. Jangan putus asa duluan, Kak."

Hening.

"Oh, iya, Bu. Maaf, saya lupa menjelaskan. Yang saya maksud memotivasi itu adalah memberikan dukungan sesuai kebutuhan anak. Sedangkan yang Ibu lakukan tadi bukan memotivasi, justru menegasi, meng-*counter* anak. Anak justru merasa tidak nyaman karena perbedaan sudut pandangnya makin tercuat antara keinginannya dan keinginan Ibu. Lalu, bagaimana reaksi anak saat itu, Bu?"

"*Tetep* enggak mau. *Emang* anaknya susah, enggak percaya diri."

***

Dr. Bruce Perry menggunakan pendekatan '3R' saat menghadapi masalah anak, yaitu: *regulate, relate* dan *reason*. Ini sinergi dengan aktivitas otak dari batang otak, melewati limbik menuju ke *cortex*.

Saat anak sedang dikuasai emosi negatif seperti: marah, kesal, sedih, minder, dan sebagainya, hal pertama yang kita lakukan adalah terkait pemenuhan fisiknya. Misal: kalau *ngamuk,* ya, dipeluk. Kalau sedih, diusap-usap punggung atau kepalanya. Kalau lagi *sotoy* ingin ini-itu, dengarkan saja dulu dengan menggunakan bahasa tubuh yang membuatnya nyaman. Ajak makan dulu atau berikan minuman. Intinya, ekspresikan AFEKSI.

Ekspresi afeksi ada 5, yaitu: *kalimat positif* (pujian, kalimat dukungan, dsb), *sentuhan fisik* (mengusap, memeluk, membelai, dsb), *pelayanan* (memberi makan/minum, membantu), *hadiah/ materi*, dan *waktu yang kita sediakan*. Sesuaikan dengan kebutuhan dan kondisi emosi anak saat itu.

Fase berikutnya, '*relate*'. Berikan kalimat-kalimat empati yang menenangkan. Tunjukkan bahwa kita mengerti betapa tidak enak dalam kondisi seperti itu. *Ibu ngerti kenapa kamu sampai kesal begitu.* Intinya, kita berusaha menyamakan 'frekuensi' rasa dengan anak.

Setelah keadaan lebih stabil. Baru deh, kita bisa bertanya atau memberikan masukan untuk masalah yang anak hadapi.

Selama melakukan '3R' hindarkan kata-kata seperti 'Mestinya kamu ...', 'Kamu jangan ...', 'Akan tetapi ...', 'Kenapa/ mengapa?'

Contoh kalimat terlarang, sebagai berikut:

"Bu, aku tadi jatuh."

"Kenapa?"

"Sakit *ndak*, nak? Mau Ibu *obatin?" (benar)*

"Bu, aku mau ikut demo, mau bela negara."

"Halah! Salat *aja* belang *bonteng*, sok-sokan mau bela negara." *(salah)*

Duh *Mom*,

Jangan *playing god*, ah. Jangan men-*setting* masa depan anak-anak kita melalui ucapan-ucapan buruk.

Nah, *Momski*,

Silakan berefleksi atas komunikasi dengan anak selama ini. Anak-anak akan memberikan *feedback* yang baik pada interaksi tersebut. Sikap kita akan mewarnai takdir anak di masa depan. Perbaiki dari sekarang.

Bismillah.

MENGENALI EMOSI ANAK

Anak-anak mengalami konflik itu hal biasa. Dalam situasi konflik, anak belajar mengendalikan emosi selain menguatkan kemampuan sosial, komunikasi dan *coping*. Anak-anak sedang dalam masa perkembangan, demikian pula ego mereka. Karena itu anak-anak perlu bantuan dalam melatih kemampuan tersebut oleh orang dewasa di sekitarnya (orang tua, guru) di tempat konflik tersebut terjadi.

Beberapa kali saya lihat, konflik antar anak hanya diselesaikan melalui bersalaman sambil minta maaf.

Saling bermaafan tentu kebiasaan baik, tetapi ada baiknya sebelum *jump to* 'maaf-maafan', anak-anak diajak untuk mengenali perasannya, mengakui perasaannya, bagaimana konsekuensi tindakannya, baru terakhir saling bermaafan.

Jika kita menemukan situasi konflik memanas sampai ada anak yang menangis, ada 'korban', maka langkah pertama yang harus kita lakukan adalah:

Sesi pertama: regulasi

Bantu anak meregulasi emosinya melalui afeksi. Peluk anak. Usap kepalanya. Tanyakan apakah ada yang luka. Jika luka obati dulu. Pisahkan dulu anak. Beri minum. Setelah emosi yang mengharu biru reda. Baru sesi lanjutan bisa dilakukan.

Redanya emosi kadang harus menunggu sejam bahkan setengah hari. Minta bantuan ke teman-temannya untuk menenangkannya juga.

Setelah beres, lanjut ke sesi *reason*.

Mengekspresikan emosi dan mengenalinya adalah suatu kemampuan dasar yang perlu dilatih. Marah itu tidak apa-apa. Menangis juga boleh. Yang tak boleh adalah saat marah disertai mengamuk, memukul, berkata kotor/memaki, mengejek, mencibir.

Ajak anak berefleksi bagaimana baiknya bertindak saat sedang emosi. Bantu anak mengomunikasikan 'Aku marah karena ...', 'Aku *nangis* karena ....'

Saat menghadapi konflik tersebut

Teruslah melakukan *probing* sampai anak mendapatkan *insight* bagaimana tindakan yang harus ia lakukan jika situasi tersebut berulang lagi.

Berikan beberapa alternatif. Langkah-langkah apa yang dapat ia tempuh untuk menolongnya dalam situasi tersebut.

Setelah itu, apa kewajiban yang dapat ia lakukan? Sebagai konsekuensi dari perilaku yang tak diterima tadi (memukul, menghina/mencibir/mengejek/menghasut, dsb) setelah berjanji melakukan kewajiban, barulah masuk dalam sesi terakhir, yaitu....

Bersalaman dan meminta maaf

Nah. Jika demikian maaf memaafkan jadi lebih bermakna, bukan sekadar *lip service* atau karena suruhan guru saja. Dalam tradisi Islam pun, kita menggunakan momen Idul Fitri untuk maaf-maafan setelah ditempa sebulan berpuasa. Ada proses yang dilalui sebelum mencapai maaf-maafan.

Jadi, bapak ibu di rumah, bapak ibu guru ... mari singsingkan lengan baju. Bantu anak-anak kita mengatasi masalah-masalah emosinya, mengenali perasaannya, agar mereka tercegah dari masalah-masalah psikis kelak di kemudian hari.

Selamat berjuang.
Bismillah.

DEPRESI? TAFAKUR

Kenapa pengidap depresi umumnya tidak bagus relasi dengan sesama? Ucapannya tajam, mudah tersinggung, cenderung menarik diri, tidak betah berlama-lama dalam bersosialisasi, ditambah perilaku lain yang justru menjauhkan dari rasa simpati.

Jawabnya, karena dalam depresi terdapat kemarahan.

Sikap ketus, mudah tersinggung, cemburu tingkat dewa, kejulidan itu, sebenarnya merupakan *'cry for help'*. Tangisan minta tolong. *Tolong aku dengan kondisi ini. Jangan pergi dari aku. Cintaiku apa adanya.*

Sayangnya, dengan karakter 'sulit' begitu, justru membuat orang sekitar makin pergi menjauh.

Makinlah dia merasa mendapat pembenaran bahwa dirinya tak layak dicintai. Dia marah karena tak mampu mengendalikan dirinya agar menjadi orang yang layak dicintai. Dia marah sekaligus merasa tak berdaya.

Kemarahan ini berasal dari rasa 'tidak dicintai' dan 'tidak berdaya', tentu berkaitan dengan relasi terhadap orang-orang terdekatnya. Kondisi tak nyaman ini membuat seseorang ingin cepat melaluinya dan mencari sosok yang dapat memenuhi kebutuhannya tersebut. Alih-alih terpenuhi, yang ada pasangan yang 'dicintai' biasanya justru memicu depresi terpendam jadi makin termanifestasi.

Perasaan tidak dicintai makin menguat, merasa diri tak berharga, tidak percaya bahwa dirinya layak dicintai, mencurigai orang-orang yang ingin membantunya, karena khawatir jatuh pada masalah yang sama. *Takut sakit hati lagi.*

Akibatnya, saat fisik 'drop', daya tahan tubuh sedang menurun—*utamanya saat melahirkan/menyusui yang menguras energi paling banyak*—muncullah simtom-simtom depresi. Orang yang pernah mengalami depresi seolah punya lubang kecil di hatinya. Lubang dalam dan hitam. Ada sosok yang berteriak-teriak di dalamnya, minta tolong dikembalikan pada kehidupan sebelumnya, sebelum menderita depresi.

Orang yang terkena depresi seolah sulit kembali seperti sedia kala. Masih ada yang menjerit-jerit nun di kedalaman sana. Diri yang asli terpenjara nun di kedalaman sana.

Jadi, bagaimana mengatasinya?

Saat kurva depresi sedang rendah, bantuan lingkungan sangat dibutuhkan, setidaknya untuk urusan fisik. Menjaga agar urusan makan dan sebagainya terpantau sampai kondisi fisiknya membaik. Maka penting bagi pasangan yang akan menikah dibekali pengetahuan seperti ini. Apa yang bisa dilakukan suami/orang terdekat saat mendampingi ibu melahirkan/menyusui. Jangan sampai saat seorang ibu tengah bersimbah air mata didera *baby-blues*, lalu suaminya dengan enteng mengatakan cerai karena tidak mau repot direngeki istri.

Bagi penderita yang baru melewati fase depresi, hendaknya mulai jernihkan pikiran. Hindarkan kata/kalimat negatif. Ubah menjadi kalimat positif. Setidaknya, banyak-banyaklah beristigfar, kalimat yang paling aman. Setiap kata memiliki getar yang beresonansi terhadap seluruh diri yang akan memengaruhi takdir kita esok hari. Jika tak bisa berucap, tuliskan banyak-banyak di kertas: *Aku berharga. I'm worthy. Allah Maha Sayang padaku.*

Jangan putus asa. Meski dunia terasa tak ramah, yang pasti Allah ciptakan kita dalam kasih sayang-Nya. Ada tujuan dari masing-masing penciptaan diri. Karena apapun terapi yang diberikan tak akan bermakna kalau kita sudah kehilangan harapan.

Demikian juga dalam lingkungan sekolah maupun pengasuhan. Perhatikan kata/kalimat. Tegur anak-anak yang verbal-nya tajam dan menyakiti.

Guru kadang hanya merespon konflik anak-anak yang bersifat fisik, padahal verbal juga memiliki efek rusak yang tak kalah dahsyat. Ingat, anak-anak ibarat pohon yang sedang tumbuh. Akan seperti apa pohon diri itu akan tumbuh, sangat ditentukan oleh siraman kata-kata kita kepadanya.

Last. Banyaklah bertafakur, karena tafakur inilah yang membedakan seorang insan dengan makhluk lainnya. Kalau hanya berlomba *banyak-banyakan* ibadah atau hafal-hafalan surat, kita pasti kalah dengan jin yang ibadahnya jauh lebih lama dan panjang, hafal semua isi kitab suci dari zaman Musa sampai Muhammad.

Sampaikan kegelisahan hati dalam munajat. Agar kata-kata bermakna, memiliki kekuatan untuk diri sendiri, seringlah menyebut nama-Nya pada sepertiga malam. Bermohonlah agar Dia menjaga kita dari satu waktu salat ke waktu salat berikutnya. Libatkan Allah, karena saat depresi, menyebut nama-Nya pun kita tak mampu. Semoga Dia mengingat kita di saat-saat terlemah diri, melalui pertolongan yang tak disangka-sangka hadirnya. Agar diri sejati di kedalaman sana bisa kembali menjadi sosok yang utuh.

Amiin, ya Allah.

KESEPAKATAN

"Ibu, aku boleh nonton/main *gadget*, enggak?"

Ibu: "Apakah, ini hari menonton?"

"Bukan, siiih ... Tapi pingin nonton."

Ibu: "Iya, boleh. Hari Sabtu dan Minggu, ya. Sesuai kesepakatan."

(Anak pun menghentikan rengekan dan berlalu)

***

Anak-anak minum sambil berdiri.

Bapak: "Eh, katanya kalau minum itu lebih baik sambil duduk daripada berdiri?"

(Anak-anak bergegas mencari tempat duduk untuk melanjutkan minum)

***

Bayangkan jika dalam situasi tersebut, kita menggunakan kalimat toksik 'tidak/jangan' dan 'harusnya/mestinya'. Dijamin bisa memicu perilaku yang tidak kita harapkan.

Kata 'tidak' berpotensi memancing perlawanan dampak dari peraasaan ditolak dan diremehkan keinginannya, dianggap tidak penting. Sedangkan kata 'mestinya/harusnya' memicu rasa bersalah. Anak merasa dirinya menjadi obyek tunggal dari suatu tragedi, merasa gara-gara dirinyalah semua keburukan berasal.

Efek kata 'tidak' memicu agresi, perilaku *conduct* (menentang, memberontak) atau sebaliknya, pasif dan tidak berani mengambil inisiatif. Efek kata 'harusnya/semestinya' mencuatkan simtom-simtom kecemasan, yang paling umum adalah: psikosomatis dan *OCD (obssessive compulsive disorder)*.

Hati-hati menggunakan kedua kata tersebut. Sebisa mungkin diminimalisir penggunaannya, terutama bagi anak-anak di bawah usia 10 tahun. Gunakan kalimat-kalimat retorika. Ini membantu orang tua untuk mengendalikan limbik (emosi) saat berinteraksi dengan anak sehingga hal-hal *overthinking* seperti merasa gagal sebagai orang tua, merasa tak berdaya, dan pikiran negatif lainnya bisa dihindarkan.

Masalah terbesar dalam interaksi adalah komunikasi.

Asyiknya berinteraksi dengan anak, mereka lebih jujur dalam memberikan *feedback*. Anak-anak merespon dengan apa adanya. Lain halnya dengan orang dewasa yang banyak manipulasinya.

Itulah keuntungan berinteraksi dengan anak-anak.

Tidak hanya untuk lingkungan rumah (orang tua). Zaman sekarang, waktu anak-anak lebih banyak dihabiskan di sekolah. Mau tak mau lingkungan sekolah turut mengambil peran besar memicu simtom-simtom tersebut bermanifestasi.

Last. Mari kita mengandalkan Allah untuk mengubah diri. Tawakkalkan diri kita, anak-anak kita, orang-orang yang kita cintai kepada Allah Ta'ala. Agar Allah beri *azimah* (kekuatan yang memudahkan) untuk menerapkan apa-apa yang sudah kita niatkan di hati.

Bismillahi tawakkaltu 'alallah.

Ya, Allah. Aku tawakkalkan diri ini, anak-anak dan keluarga hamba kepada Engkau Ta'ala.

KALIMAT EFEKTIF

Kalau tiap ditanya anak menjawab dengan dua kata seperti: 'enggak tau', 'terserah, deh', 'bodo amat', 'lupa, sih', 'males, ah' ... tanda komunikasi tidak berjalan baik.

Kita merasa sering/banyak bicara pada anak, tetapi seberapa efektif kata-kata kita bermakna bagi anak? Seberapa efektif komunikasi sehingga dapat mengakomodasi anak untuk leluasa mengungkapkan perasaannya, berinisiatif untuk mengajak bicara dan menikmati ngobrol dengan orang tuanya?

Pengasuhan identik dengan interaksi. Interaksi berkaitan dengan cara orang tua berkomunikasi pada anak. Bagaimana kalimat efektif saat berinteraksi dengan anak?

1. Fokus pada perilaku yang diharapkan (jauhi memberi label kesalahan/keburukan anak)
2. Fokus pada kejadian saat ini (hindari mengungkit kejadian masa lalu)
3. Gunakan kalimat retorika (gunakan kalimat tanya, alih-alih kalimat perintah)
4. Meminimalisir kata: 'jangan/tidak' dan 'seharusnya/mestinya'
5. Menghindari pertentangan (terima perasaan anak, alih-alih menolak/menafikan/mengecilkan apa yang dirasakan).

Selamat berlatih.

FROZEN

"Aku mesti mencari 1000 alasan untuk memulai hari baru ..."

Elsa di FROZEN 2 ini, melontarkan kalimat khas pengidap depresi, bagaimana beratnya seorang depresi untuk melalui satu hari baru. Pertanyaan-pertanyaan seperti: *Apakah aku dibutuhkan? Apakah aku penting? Apakah aku punya arti dalam kehidupan ini?* terus menggerogoti dirinya.

Di FROZEN 1, digambarkan bagaimana Elsa menarik diri dan membangun 'menara gading' yang membuat orang takut mendekatinya.

Di FROZEN 2, makin kental lagi kadar depresinya, malah sudah mendekati tahapan *'halu'*. Ketika ia mendengar suara-suara masa lalu, Elsa lagi-lagi merasa harus mengorbankan diri agar semua kehidupan di sekitarnya dapat berjalan lancar.

Elsa menggambarkan dengan jelas kaitan khas antara anak sulung, (trauma) masa lalu, dan depresi.

Entah kenapa, karakter anak sulung itu khas sekali. Di mana pun mereka berada, mereka merasa paling bertanggung jawab atas segala hal yang dirasa tak berjalan beres di sekitarnya. Ia merasa harus melakukan sesuatu. Syukur-syukur jika mekanisme pertahanan yang ia lakukan berdampak sehat bagi dirinya, misalnya melalui menulis buku (intelektualisasi), melakukan aksi sosial (altruisme), belajar agama, dan sebagainya.

Sebaliknya, jika ia merasa tak mampu melakukan apa-apa, ia akan meluapkan kemarahan ke mana-mana. Bisa tiba-tiba ngomel tak henti ke anak cucunya. Bisa tiba-tiba bikin *posting*-an status fb meluap-luap. Bisa jadi itu adalah tanda-tanda 'emosi bocor' dari penderita depresi.

Yang parah adalah saat ia menjadi putus asa, lalu ... bunuh diri, baik bunuh diri secara fisik atau bunuh diri secara mental. Ini yang ditengarai menjadi pemicu penyakit-penyakit khas: autoimun atau kanker akibat mental yang drop.

Film FROZEN 2 menunjukkan bagaimana cara mengakomodasi seorang depresi dengan hadirnya sosok Anna yang tak henti memberi afeksi tanpa syarat, sehingga ia mampu keluar dari menara gadingnya. Termasuk adanya 'tantangan' memecahkan misteri-misteri dalam kehidupannya. Termasuk melakukan 'pengorbanan' yang semuanya bermuara pada 'Aku punya arti dalam kehidupan ini. Kehidupanku tak sia-sia.'

Tak heran seorang pengidap depresi membutuhkan 'intelektualisasi'. Dia merasa perlu terus belajar untuk 'merapikan' segala hal yang dianggap tidak ideal. Dia juga kerap membuat keputusan-keputusan besar demi melindungi sosok-sosok yang membutuhkan perlindungannya meski kadang keputusan itu justru menambah variabel kerumitannya. Seperti sosok Elsa yang demi melindungi Anna memilih untuk menjauhkan diri.

Demikianlah mereka. Saat tak menemukan '*hero*' dalam kehidupannya, maka merekalah yang maju ke depan menjadi '*hero*'-nya. Mereka baru bisa tenang ketika pikiran-pikirannya diakomodasi oleh suatu rasionalisasi, hukum-hukum yang mendasar, filosofis dan mendalam. Ketika mereka bisa melihat potensi mereka sebagai anugerah alih-alih sebagai kutukan.

Kalau belum menemukan 'tempat' yang tepat, semua potensi itu dianggap sebagai kutukan. Rambut ikal dianggap kutukan karena tidak seperti iklan sampo yang semua berambut lurus. Kecerdasan dianggap kutukan karena hanya membuat ia dimusuhi akibat terlalu kritis dan serius. Karakter kuat dianggap kutukan karena membuatnya dijauhi pria. Dan sebagainya.

Miriplah seperti Elsa yang menganggap kekuatan *magic*-nya sebagai kutukan, sampai akhirnya pencariannya membuat 'kutukan' berubah menjadi 'anugerah', padahal karakter kuat membuatnya unggul sebagai pemimpin. Kecerdasan membuatnya tajam dalam menganalisa. Hanya saja, semua butuh waktu agar semua potensi itu bermanifestasi pada saat yang tepat. Sebelum semua potensi itu 'sampai/mewujud', maka hari baru dirasa sangat 'berat'. Seperti ungkapan Elsa di atas. Ia butuh di-*encourage* untuk melalui satu hari baru. Butuh seribu alasan untuk memulai hari baru.

***

Ini bukan promosi film, lo, ya! Cuma sarana refleksi diri sekaligus belajar buat mereka yang tertarik dengan isu-isu depresi. Kebetulan udah dibikinin filmnya oleh Disney.

Semoga bermanfaat.

TAKDIR

"Guru, saya takut jika orang nanti mencibir. Saya khawatir anak saya jadi trauma. Saya cemas kalau kehidupan masa depan saya lebih buruk."

Guru: Fokus pada Allah. Takutlah pada alam akhir. Apa bekal yang telah kita siapkan hari ini? Ketika memikirkan berat dan panjangnya perjalanan alam akhir, niscaya kita akan melihat setiap kejadian sebagai ladang amal saleh. Sebagai kesempatan untuk melakukan kebaikan; mumpung hayat masih dikandung badan.

"Tapi guru, semua takdir buruk ini terjadi karena dosa dan kesalahan saya."

Guru: Tidak ada seorang manusia pun yang tidak punya dosa.

"Tapi dosa saya sangat banyak ...."

Guru: ampunan Allah melebihi luasnya semesta langit dan bumi

"Andai saya tidak melakukan kesalahan itu, mungkin saya ..."

Guru: berandai-andai itu asalnya dari setan.

"Kenapa saya harus mengalami ujian seberat ini?"

Guru: karena Allah hanya menempa orang-orang yang kuat. Tidaklah Allah menimpakan suatu takdir, melainkan telah Allah siapkan—*potensi*—kemampuan dalam diri untuk mengatasinya. Hanya saja kita masih ter-*cover* oleh persoalan horizontal. Belum mampu melihat apa yang ada dibalik itu semua.

"Sampai kapan saya mengalami ini?"

Guru: Allah Maha Kuasa. Jika Allah mau mengubah keadaan, detik ini juga semua hal bisa berubah. Tapi Allah punya maksud di balik itu semua. Kuncinya adalah kembali pada Allah. Gelisahlah jika kita tak betah berlama-lama menghadap-Nya. Cemaslah jika tak kita rasakan manisnya munajat kepada-Nya. Khawatirlah dengan bekal yang kita punya. Karena ajal bisa datang kapan pun.

Seberat dan serumit apapun masalah di dunia, tak ada seujung kuku dibanding masalah di alam akherat.

Pikullah dengan gagah setiap masalah yang datang. Karena setiap musibah—*yang membuat raga dan hati merana*—merupakan hari-hari Tuhan. Hari raya bagi jiwa. Sambut dengan takzim, lisankan penyambutan kita ... Semoga Dia berkenan membukakan pemahaman. Semoga Dia melimpahkan karunia berupa rasa kedekatan—*taqarrub*—dengan-Nya.

Meski kita masih terpelanting-pelanting menjalaninya.

THE LITTLE STRANGER

Film yang lagi-lagi berkisah tentang persoalan pengasuhan ibu terhadap anak laki-lakinya. Satu peristiwa traumatik di masa kecil membayangi perjalanan hidup seorang anak hingga menjadi pengidap *split personality*/disosiasi/kepribadian ganda.

Seseorang dengan *inner child* yang belum selesai. Tumbuh dengan perasaan bahwa ibunya tak akan pernah memaafkannya. Kemarahan pada diri anak karena merasa diperlakukan tidak adil tapi tak bisa ia ekspresikan karena ibunya tak pernah membuka ruang untuk menjelaskan apa kesalahannya dan tak akan menerima ekspresi kemarahannya, membuat luka batinnya tetap menganga.

Sebagai anak lelaki yang dipaksa 'tangguh', ia adalah 'sansak' bagi pelampiasan emosi ibunya. Tangguh dalam artian ia tak boleh menunjukkan emosi. Hidupnya diatur dengan keras. Hingga ia memang berhasil mencapai posisi terpandang dalam masyarakat, sesuai keinginan ibunya. Namun sayang, kesuksesan itu mesti ditebus dengan 'jiwa terpasung' yang termanifestasi dalam gangguan psikis.

Sosok ibu, diakui atau tidak, punya peran besar terhadap perkembangan psikis anaknya. Seorang ayah memang menyumbang benih, tapi benih itu tumbuh dalam perawatan rahim ibu.

Kondisi ibulah yang mewarnai pertumbuhan benih tersebut. Tubuh ibu yang memberinya makan. Bukan cuma makanan raga, termasuk makanan batin, gejolak emosi, dan 'warisan' DNA lainnya. Maka wajarlah kalau pengasuhan utama diberi porsi besar pada tangan ibu. Karena ia yang lebih mengenal bagian dirinya.

Pengasuhan menjadi urusan yang utama bagi kaum perempuan. Maka kenapa kisah para nabi sangat mengapresiasi pengasuhan seorang ibu. Seperti Halimah dan Asiyah meski bukan merawat anak kandung tapi sangat ditinggikan. Demikian pula Maryam. Meski hanya mengasuh seorang anak namun diabadikan kisahnya.

Mau bapaknya seorang nabi tetap saja yang menjadikan anak tumbuh dengan baik adalah perawatan ibu. Contohnya, anak nabi Yakub yang berasal dari lain istri, lain karakternya. Yusuf lahir dari Rahel. Sedangkan anak-anak lainnya lahir dari Lea dan budaknya.

Demikian pula anak nabi Nuh. Anak yang durhaka berasal dari istri yang durhaka, sedangkan anak yang saleh berasal dari ibunya yang saleh.

Tugas ibu mengasuh anak, karena anak tumbuh dalam diri ibu. Tugas bapak mengasuh istrinya karena perempuan 'lahir' dari tulang rusuknya.

Kalau ibu repot mengurus pendidikan anaknya, suami juga harus punya visi bagaimana menempatkan seorang perempuan agar bisa mengalir jati dirinya alih-alih cuma menuntut pelayanan. Pelayanan *mah*, sudah menjadi jati diri perempuan. Sepanjang perasaannya diayomi oleh suami, ia akan punya energi melayani. Sebagaimana seorang anak memuja ibunya, demikian pula seorang istri akan memuja suaminya, sepanjang interaksinya positif.

Nah ... sebelum saya belok jadi ceramah Mamah Dedeh, *let's back to the film*.

Film ini menarik karena *twist ending*-nya. Sejak awal film ini dinarasikan dengan setting horor, *thriller*. Tampilan rumah tua. Suasana kelam. Sosok misteri. Terasa sekali penonton digiring oleh narator yang menarasikan dirinya sebagai tokoh protagonis yang terjebak dalam suatu tragedi. Penonton digiring untuk mempercayai apa yang dia narasikan, termasuk menjadikan kekuatan magis yang dianggap menjadi pangkal terjadinya berbagai tragedi dalam film tersebut.

Seperti permainan *'hide and seek'*, penonton mesti pandai membaca tanda-tanda agar dapat menebak apa yang tersembunyi alih-alih terjebak oleh apa yang nampak. Ada sosok lain bernama Betty yang digambarkan polos dan lugu dan seolah menjadi tokoh pasif, padahal menjadi kaki tangan si tokoh *split*.

Mungkin ini bisa menjadi analogi kehidupan. Jangan buru-buru mengklaim suatu kejadian sebelum melihat ujung/akhir dari film (kehidupan) seorang manusia.

Karena bisa jadi ending-nya surprisingly twisted.

Selamat menonton.

SEBELUM MEMBAWA BUAH HATI TERAPI

Jika guru di sekolah mengatakan *'anak Anda bermasalah di sekolah'*, seperti: kurang fokus, mengganggu kelas, sering ketiduran, tidak bisa mengikuti pelajaran, tidak disiplin dan sebagainya, apa yang akan ibu lakukan?

Apakah ibu segera mengeluarkan aturan dan ancaman agar anak mengubah dirinya? Mencari psikolog atau terapis untuk men-*treatment* anak? *Ngomelin* anak karena selama ini tidak *nurut* apa yang 'Mama bilang'? Menangis atau uring-uringan karena merasa telah gagal mendidik anak?

Separah-parahnya perilaku anak yang dikeluhkan oleh orang di sekitarnya, tetap perhatikan perasaan anak.

Apakah anak merasakan dirinya punya masalah dengan lingkungan? Jangan-jangan masalah itu hanya berkisar pada penilaian orang dewasa di sekitarnya, sedangkan ia sendiri merasa baik-baik saja. Bisa juga sebaliknya, anak menuduh temannya melakukan ini dan itu, padahal tindakan temannya dipicu oleh perilakunya sendiri.

Tugas orang tua untuk membangun pengertian kepada anaknya secara objektif mengenai apa yang disebut sebagai 'masalah' itu. Sebelum kita *takeover* masalah tersebut pada para profesional (psikolog, terapis, guru khusus, dan lain-lain), kita bisa mendorongnya dengan menanyakan hal-hal sebagai berikut: 'Apa saja yang Kakak senangi di sekolah?', 'Apa yang membuat Kakak bahagia dengan hal itu?', 'Apakah menurut Kakak, belajar sambil jalan-jalan di kelas membantu Kakak memahami materi dengan mudah?', 'Apakah kakak takut jika Kakak melakukan kesalahan lalu Kakak tidak disayang oleh Mama atau guru?, 'Menurut Kakak, aturan yang Mama berikan disebabkan kasih sayang

Mama atau apa?', 'Bagaimana perasaan Kakak kalau Kakak sedang bicara lalu ada anak yang berisik?', 'Apa yang bisa Mama bantu untuk hal (yang anak keluhkan) ini?' Dan sebagainya.

Tentu harus hati-hati agar pertanyaan kita tidak intimidatif, interogatif. Alih-alih membuat anak makin bungkam dan menjauh.

Amati ekspresi anak. Jika ia kurang nyaman, bisa jadi karena memang selama ini kita kurang komunikatif. Instingnya akan mengatakan, 'Pasti ada apa-apa, nih, kalau Mama sudah *ngajak* ngomong aku'.

Jika anak sudah merasa terintimidasi, alihkan dengan menceritakan masalah-masalah yang orang tua hadapi saat seumur mereka atau menggunakan kisah orang lain yang analog dengan masalah mereka saat ini.

Misalnya: "Mama juga pernah, lo, dapat merah di rapor. Rasanya sedih sekali. Mama merasa gagal dalam hidup. Bagaimana Mama nanti bisa bekerja kalau banyak orang yang lebih hebat dari Mama? Lalu Mama mulai ..."

"Dulu ada teman Ibu yang suka tidur di kelas, eh ... sekarang jadi pengusaha. Ibu ingin tahu deh, bagaimana dia bisa bangkit ...."

"Dulu ada teman SD Bunda yang suka datang telat. Dia datang dengan keadaan acak-acakan. Begitu dia masuk kelas malah dimaki-maki guru karena ia sering bolos, telat dan tidak bayar SPP berbulan-bulan. Bahkan sudah dicoret dari daftar absensi karena tanpa kabar. Lalu, murid itu diusir dari kelas diiringi tatapan murid sekelas. Dia keluar dengan bibir tetap menampakkan senyum, meski getir. Belakangan Bunda baru tahu kalau anak itu tinggal dengan ibu tiri yang memperlakukannya seperti pembantu dan melarangnya sekolah. Namun dia berusaha tetap datang ke sekolah sembunyi-sembunyi dengan pakaian seadanya. Andai ibu gurunya bertanya dulu latar belakangnya, mungkin akan lain dampaknya, karena kami pun sebagai anak-anak saat itu terpengaruh dengan ucapan guru yang menganggap anak itu tidak disiplin, pemalas, suka bolos, tidak rapi sama sekali dan suka menunggak SPP. *Mungkin uang SPP dari orang tuanya dia curi*, begitu pikiran Bunda dan teman-teman waktu masih kecil. Nah, Kakak bisa lihat, kadang suatu yang dianggap masalah itu tidak seperti yang terlihat apa adanya. Kita mesti lihat latar belakangnya. Ada kondisi yang membuat ia terlihat tidak disiplin. Padahal tidak demikian."

Banyak yang bisa kita bagi dari apa yang telah kita alami. Orang tua perlu banyak melakukan perenungan diri, dialog dengan diri untuk bisa memetik manfaat dari pengalaman diri agar ucapan kita juga menyentuh hati anak dengan lembut.

Selanjutnya, gali apa yang menjadi kelebihan dan potensi anak. Jika anak sudah menangkap bahwa ada sesuatu yang kita butuhkan untuk meningkatkan kemampuannya agar potensinya makin berkembang, barulah kita tawarkan untuk bertemu dengan profesional yang kita butuhkan.

'Kakak ikut terapi ini agar nanti kakak makin terasah kemampuan seninya', 'Kakak ketemu dengan ibu psikolog ini agar Mama bisa ikut belajar bagaimana menemani Kakak dengan lebih baik', dan seterusnya.

Selalu besarkan dan kuatkan hati anak sebelum mengambil langkah-langkah apapun yang melibatkan orang luar.

Mungkin anak memang bermasalah karena perilakunya mengganggu lingkungan, tetapi yakinkan bahwa ini 'hanya masalah kamu belum menemukan tempat yang tepat atau orang yang tepat yang paling mengerti kamu.'

Jangan lupakan objektivitas. 'Energi kamu yang terlalu besar bisa membahayakan untuk teman-teman. Sebaiknya tidak ikut les olahraga yang malah memancing agresi. Lebih baik ikut kegiatan sains atau fotografi supaya kamu bisa belajar mengamati ....'

Demikian pula beberapa anak ADHD. Perilakunya kadang membahayakan teman-temannya karena kurang kontrol. Tapi begitu bertemu hewan, dia bisa anteng, sangat telaten dan paling lembut memperlakukan hewan.

'Kamu hanya menunggu waktu untuk tumbuh memesona di tempat dan waktu yang tepat. Untuk menjadi seorang yang spesial.'

Nah, jika anak sudah mulai menyadari tentang objektivitas masalah dan bisa diajak kerjasama untuk bertemu orang yang akan memoles keindahannya, barulah kita cari tenaga bantuan, para ahli di bidangnya.

Selamat memeluk anak-anak kita.

SAAT ANAK BERKATA KASAR

Saat anak berkata kasar atau mengumpat, apa yang bisa kita lakukan?

Menegur sudah pasti.

Ndilalah, ternyata teguran yang sudah disampaikan dengan lembut hingga beroktaf tinggi ini tak berefek lama, anak masih mengulang-ulang lagi.

Biasanya kalau anak sudah melakukan untuk yang kedua, ketiga dan keempatnya, mulailah kita sebagai orang tua mengambil ancang-ancang: mengeluarkan ancaman.

"Kalau ngomong itu lagi, ayah tidak akan beliin mainan."

"Kalau bicara itu lagi, ibu hukum tidak boleh main PS."

Dan berbagai bentuk ancaman lainnya.

Kita, sebagai orang tua, memang memiliki tugas untuk menata budaya dalam keluarga. Meskipun kita sendiri belepotan dalam urusan menata lisan dan hati yang selalu rusuh ini, tetap saja inginnya anak kita bisa lebih baik. Setidaknya dalam urusan bertutur kata. Apa daya, keinginan tak selalu berbanding lurus dengan realita. Apalagi kalau ternyata kita hanya mengulang pola lama sebagaimana orang sekitar mengasuh anak-anaknya.

Ancaman dan hukuman memang langkah efisien untuk mengendalikan perilaku anak. Umumnya, *shock-therapy* ini sangat berbekas sehingga anak lebih berhati-hati dalam berucap kata. Sayangnya, begitu ada perilaku yang berusaha secara sadar kita tekan, justru memicu manifestasi perilaku bawah sadar berupa simtom-simtom psikis.

Pernah melihat orang yang berulang kali mencuci tangannya bersih-bersih bahkan sampai berdarah?

Tindakan kompulsif ini menunjukkan bahwa anak takut sekali melakukan kesalahan untuk menghindari hukuman orang tuanya.

Ya. Siapa juga anak yang mau dihukum, disalahkan. Inginnya anak-anak itu bisa menjadi buah hati orang tuanya. Kalau bisa lahir sesuai keinginan orang tuanya. Anak-anak bisa mengutuki dirinya sendiri ketika merasa gagal menjadi anak terbaik yang dapat memenuhi harapan orang tuanya.

Kembali ke tindakan kompulsif ini.

Di satu sisi, anak yang kompulsif jadi rapi dan lebih berhati-hati. Dia akan selalu berusaha menjaga *'image'* dirinya agar selalu nampak baik, terutama di hadapan orang-orang yang dapat menghakiminya. Tapi di hadapan orang yang *powerless*, dia bisa berubah jadi monster karena dia hanya mefleksikan bagaimana orang dewasa yang mengasuhnya dulu tampil dengan sosok yang penuh ancaman dan hukuman. Orang yang tak punya 'kuasa' di sekitarnya menjadi sarana untuk melampiaskan kecemasan dan rasa tertekannya.

Tak jarang tindakan kompulsif ini juga berkomorbid dengan masalah kepribadian seperti paranoid, misalnya, meski tidak semua perilaku kompulsif seperti itu.

Tapi intinya, kebiasaan mencuci tangan berulang merupakan simbol bahwa dia juga gemar 'cuci tangan' jika ada masalah, konflik. Lisannya mungkin akan berkata, 'ya, saya bertanggung jawab' tapi tindakannya bisa sebaliknya. *Complainer*, suka ngadu ke mana-mana, semua orang—*yang konflik dengan dirinya*—tampak selalu salah. Hanya dia yang 'bersih'.

Kita tentu tidak ingin dampak dari ancaman yang ringan terasa di mulut, namun menjadi urusan berat di kemudian hari pada kehidupan anak kita bukan?

Jadi bagaimana baiknya mengingatkan anak?

Tanyakan kepada anak, mengapa ia suka menyebut kata tersebut saat mengekspresikan emosinya? Berikan kata-kata lain sebagai alternatif. Lalu, ajak anak membuat kesepakatan agar ayah/ibu bisa bantu mengingatkan. Misalnya, bagaimana kalau saat anak berkata kasar kita ingatkan dengan berdeham? Atau, istigfar? Atau, *'oopsy'*? Boleh apa saja, asalkan kita mengingatkannya tidak dengan emosi juga. Misalnya, kita menyebut *'astagfirulloooh!'* dengan oktaf tinggi diiringi pelototan mata.

Kalau ternyata masih tidak berefek, kembali kita negosiasi, bagaimana kalau setiap ucapan kasar itu diganti dengan kegiatan menyapu lantai atau mencuci piring.

Tapi, sekali lagi, jangan sampai kita terlalu fokus dengan masalah dia yang 'setitik' sehingga abai mengapresiasi perilaku positif lainnya. Saat dia mau mengalah pada adik, berkata 'Iya, Bu' saat kita mintai tolong, atau inisiatif dia saat membantu membawakan barang saat belanja, patut segera diapresiasi.

Memang kadang anak suka jahil menggoda ibunya, misalnya dengan menyebut huruf pertama dari suatu kata yang kasar. Kalau kita langsung terpancing diiringi mata mendelik, dijamin anak kita bakal cengengesan. Hadapi saja dengan santai guyonan anak. Mereka, terutama anak laki, memang punya adrenalin lebih untuk memancing kesabaran orang tuanya.

Mengutip istilah anak sekarang, *'lemesin aja,* Bu ...' Janganlah hal-hal kecil menjadi beban yang membuat kita selalu tegang dalam pengasuhan.

Enjoy your parenting.

HORMON DAN STORYTELLING

Kenapa membacakan cerita kepada anak menjadi penting?

Menurut riset, saat kita membacakan cerita, otomatis akan melepas hormon-hormon positif yang dapat mereduksi stres. Setidaknya ada 12 hormon positif, seperti: vasopressin, serotonin, endorfin, dopamin, oksitosin. Tapi kali ini kita hanya akan membahas efek *storytelling* yang memicu hormon dopamin, oksitosin dan endorfin.

Nah, bagaimana ketiga hormon itu bekerja?

Pertama, saat kita bercerita (membacakan), otomatis anak-anak akan mengimajinasikan ruang, situasi, kondisi, bahkan tokoh-tokoh di dalam kisah tersebut. Mendengarkan urutan cerita membuat mereka menjadi lebih fokus, memori mereka lebih terlatih dan menjadi termotivasi dalam menanti dan mengharap kelanjutan dari kisah tersebut. Kalaupun cerita yang sama dibacakan berulang-ulang, mereka tetap akan fokus untuk memastikan bahwa kisah tersebut sama dengan kisah yang dibacakan sebelumnya. Menjadi lebih fokus, peningkatan memori dan motivasi untuk menanti kejutan/kelanjutan kisah inilah yang mengaktivasi dopamin. Semua *storytelling* apapun jenisnya merangsang hormon dopamin.

Selanjutnya, kalau kisah tersebut mengandung kedekatan emosional, seperti mendengarkan kisah biografi tokoh yang kita kagumi maupun *sharing* pengalaman-pengalaman dari orang yang kita kenal/cintai atau pengalaman kisah nyata yang menyentuh hati, maka yang terbangun adalah kedekatan *(bonding)*, meningkatnya rasa saling percaya *(trust)* dan empati antara yang bercerita dengan yang mendengarkan. Perasaan empati dan *bonding* ini merupakan natur manusia yang paling alami. Senang dan melegakan sekali ketika kita merasa terhubung satu sama lain. Perasaan melegakan ini timbul dari hormon oksitosin. Jadi bisa dibayangkan juga; kalau suatu relasi tidak terkoneksi oleh rasa empati, ikatan *(bonding)* dan rasa percaya satu sama lain. *Neraka rasanya.*

Terakhir, hormon endorfin dirangsang melalui kisah-kisah lucu. Kisah yang membuat orang tertawa, meski rasanya garing, *jayus* dan *receh.* Setidaknya usaha untuk membuat orang lain bahagia saja, sudah membuat kita saling terhubung secara emosional.

Ya. Sebetulnya anak-anak adalah *storyteller* yang baik. Pengalaman sehari-hari yang mereka ceritakan sudah mencakup—*paling tidak*—tiga hormon tersebut. Asalkan kita terbiasa membangun komunikasi yang tepat dengan anak, mereka dengan leluasa akan mencurahkan pengalamannya dengan senang hati.

Kalau ternyata hubungan kita dengan anak belum sampai ke tahap itu karena merasa tidak pandai ngomong, tidak punya waktu, *et cetera, et cetera* ... jangan khawatir. Pancing saja melalui cerita yang kita bacakan menjelang tidur atau berbagi pengalaman keseharian kita kepada anak.

Percayalah, naturnya manusia itu adalah pencerita yang baik. Ketika kita mau menjalin koneksi/kedekatan dengan anak, hormon-hormon positif mulai berhamburan sehingga kita merasa lebih rileks dan merasa lebih nyaman. Karena otak manusia otak sosial. Otak menjadi 'hidup' karena interaksinya dengan manusia dan lingkungan hidup.

Selamat bercerita.

SIAPA BILANG PARENTING BARU ADA DI ZAMAN NOW?

Orang tua zaman dulu sudah mengaplikasikan *bonding—ikatan kasih sayang*—melalui aktivitas. Sentuhan fisik, obrolan yang fokus, dan kuantitas waktu. Aktivitas yang merangsang limpahan hormon-hormon positif.

Sudah naturnya manusia menggunakan insting dalam menjalankan peran sebagai orang tua. Toh, hari ini kita pun bisa tumbuh dengan baik karena pengasuhan orang tua. Sebagaimana makhluk mamalia lainnya, mereka secara instingtif juga mengerti bagaimana merawat dan menjaga anak-anaknya.

Tapi kita bukan mamalia, yang meski dunia memberi kejutan berupa ledakan penemuan teknologi, tidak akan mengubah natur pengasuhan mereka. Sedangkan pada manusia sangat dikondisikan oleh keadaan lingkungan. Perubahan besar-besaran pada kemajuan teknologi turut memengaruhi perubahan pada interaksi antar manusia.

Zaman dulu, kita tak risau dengan isu masalah lingkungan, adiktif *gadget*/pornografi, dan masalah-masalah disiplin serta komunikasi.

Berbeda jauh dengan kondisi hari ini.

Zaman dulu kita santai, tidak harus selalu terkoneksi melalui telepon ke orang-orang terdekat. Kita tinggal keluar rumah untuk saling menyapa, atau menunggu saja orang datang yang tiba-tiba merasa kehilangan diri kita.

Zaman sekarang, kita terikat sekali dengan ponsel/alat telekomunikasi, karena tak terkoneksi melalui *gadget* berarti kita tak 'bermasyarakat'. Padahal efek *gadget* ini sangat mendistraksi, baik secara mental maupun otak kalau tak diatur pemakaiannya.

Zaman dulu, orang tua tak terlalu risau dengan rutinitas menjelang tidur seperti menyikat gigi. Hari ini, kita harus memastikan agar anak-anak tidur dalam kondisi gigi bersih, mengingat makanan dan minuman yang mereka konsumsi hari ini mengandung banyak pemanis buatan.

Zaman dulu, orang tua santai saja menggendong anaknya di pelukan. Sekarang, kita harus memikirkan bagaimana memilih *stroller* yang *handy* dan berbagai perlengkapan lainnya yang tiba-tiba berasa 'kudu ada, kudu punya'.

Hari ini, kita tiba-tiba membutuhkan saran bagaimana agar bisa mendisiplinkan anak dengan menyenangkan tanpa mesti tarik urat.

Kita jadi membutuhkan keterampilan negosiasi saat anak-anak mulai bertanya hal yang mestinya mereka paham secara '*taken-for-granted*', seperti: babi itu haram bagi muslim. *Sudah, titik*. Bukan malah balik *nanya* yang aneh-aneh.

Kita membutuhkan pengetahuan agar bisa memahami *hidden message* dari perilaku yang nampak, termasuk lontaran kata-kata mereka yang menyulut emosi orang tua.

Tak jarang anak-anak dengan tajam membalikkan perkataan orang tua. 'Mamih *aja* suka marah-marah. Ya, wajarlah kalau anaknya juga pemarah', 'Nilai aku turun karena Mama sibuk bekerja, tidak pernah bantu aku belajar', 'Aku tidak menjadi orang sukses karena orang tuaku tidak bisa memotivasi dan tidak mampu secara finansial'.

Mereka seperti beo asal bunyi yang mengutip kalimat-kalimat dari rimba pesinetronan/film/bacaan/*ghibah* tetangga, atau apalah itu ... tanpa filter. Salah satu efek dari banjir bandang informasi.

Niat kita mempersiapkan anak dengan bekal pengetahuan agama, sekolah dan lain-lain, mumpung otak mereka masih lentur menyerap informasi, alih-alih memunculkan simtom kecemasan, masalah belajar, motivasi dan masalah kejiwaan jika disampaikan bukan pada usia yang tepat.

Ditambah pula waktu kita terbatas karena sering bekerja larut waktu atau sibuk mengurus rumah. Anak-anak pun sudah habis waktunya dengan urusan sekolah dan teman-temannya.

Orang tua sekarang mesti bagaimana? Apa yang dapat kita lakukan dalam membersamai anak?

Ya, mungkin yang kita butuhkan hanya melambatkan langkah. Jeda sejenak. Mengais kembali pengalaman manis masa kecil kita dulu yang mungkin bisa kita ulang bersama anak. Coba ingat satu dua momen interaksi dengan orang tua yang berharga.

Momen yang paling saya ingat adalah: saat sakit, ibu saya memulaskan minyak angin dan potongan bawang merah ke punggung saya. Lalu memijat ringan kepala saya. Hanya sebentar, tapi usapan tangannya seolah mengusap semua rasa sakit hati karena interaksi yang tidak pas antara saya dan ibu. Sampai detik ini saya masih ingat dengan jernih momen tersebut, temasuk pakaian apa yang saya pakai saat itu.

Kita semua pasti mengalami momen ini yang bisa kita ulang dengan anak-anak. Tidak mesti menunggu anak sakit. Kita bisa memijat kakinya sebelum tidur yang pegal akibat main bola. Mengepangkan rambutnya, *masker*-an bareng anak kalau perempuan.

Sentuhan fisik ini bisa menjadi momen yang baik untuk mengawali komunikasi verbal, bahkan bisa mengirimkan sinyal kasih sayang lebih mendalam daripada kalimat verbal.

Jadi orang tua tidak susah-susah amat, kok. Malah menyenangkan kalau kita kembalikan pada naturnya manusia dalam berinteraksi, yaitu: sentuhan fisik dan kalimat yang positif.

Insya Allah.

Enjoy your parenting

PELECEHAN ANAK

Baru saja lihat film *documentary* tentang atlet senam di Amerika yang mengalami pelecehan seksual yang dilakukan oleh dokter olahraga.

Korban yang melapor sekitar 300 orang. Praktik pelecehan yang dilakukan dokter tersebut sudah berlangsung nyaris 20 tahun—*atau lebih?*

Bisa dibayangkan daya rusaknya ... fisik dan mental pada ratusan gadis muda.

Ketika ditanya kepada para korban, kenapa harus menunggu selama itu untuk melapor? Kebanyakan atlet mengatakan, mereka mengira praktik pelecehan yang dilakukan dokter itu merupakan bagian dari *treatment* pengobatan.

Saat ditanya lagi; bukankah itu menyakitkan fisikmu—ketika daerah *private*-mu mengalami hal itu, apalagi saat itu usiamu masih kecil? Mereka menjawab, ya, memang menyakitkan. Tapi, sekali lagi, mereka mengira bahwa 'kesakitan' itu adalah bagian yang harus mereka lewati kalau ingin menjadi juara dunia.

***

Sampai di sini saya dibuat terhenyak. Para atlet yang dari kecil biasa mengalami latihan fisik keras dan diintimidasi secara verbal (seperti: *masa gitu aja* tidak bisa, sih? *Diliat* dong bolanya ke mana, matamu ke mana, sih! Fokus dong kamu, jangan bengong-bengong. *Kayak gitu aja ngeluh, gimana* mau jadi atlet? Kamu kalau tidak serius mending pulang *aja*, tidak usah dapat piala, dan seterusnya), lama kelamaan bisa membuat anak hilang sensitivitas untuk membedakan mana tindakan yang benar *(appropriate)*, mana yang salah.

Anak-anak terbiasa memendam perasaanya demi mencapai tujuan, yang bisa jadi bukan berasal dari keinginan/ambisi pribadi. Akibatnya, mereka tidak cukup ekspresif untuk mengutarakan keanehan yang mereka alami pertama kali, untuk kemudian lama-lama menjadi terbiasa. Apalagi kalau anak melihat: toh semua orang juga mengalami hal yang sama. Mendapat perlakuan yang sama. Akhirnya, anak-anak pun mengembangkan konformitas dengan mengabaikan nuraninya, perasaannya.

Ketika dicecar pertanyaan; kenapa kamu tidak ceritakan ke orang tuamu tentang apa yang kamu rasakan?

Sebagian besar menjawab: sudah. Lalu? Lagi-lagi orang tua tidak terlalu menganggap keluhan mereka sebagai hal yang serius. Entah karena cara anak-anak mengomunikasikan yang kurang informatif atau apa. Yang pasti anak-anak jadi gamang sendiri. Ketika orang dewasa di sekitarnya bersikap baik-baik saja bahkan akrab dengan dokter predator itu. Dokter itu memang ramah, *charming, powerful* dan sangat perhatian. Khas karakter predator yang manipulatif. Sampai-sampai orang tua para pesenam itu juga mengagumi dokter yang mudah akrab dengan siapapun itu dan balik menyalahkan anaknya karena anak-anak yang lain bisa adaptif saja dengan dokter tersebut.

Kita pun jadi mempertanyakan kembali.

Sebetulnya siapa yang salah dalam kejadian tersebut? Siapa yang 'membukakan peluang' bagi predator untuk leluasa menjalankan aksinya?

Mudah saja. Dari orang tua yang membiarkan anak-anaknya—*sedari dini*—mengalami intimidasi verbal dari guru dan pelatih yang keras dengan mengatasnamakan disiplin atau mengiming-imingi suatu pencapaian. Misalnya, piala, hadiah, prestise, pengakuan/ penerimaan dari guru/pelatih, dan sejenisnya.

Coba perhatikan sekeliling kita. Mungkin ada anak-anak TK yang kepayahan latihan *drumband*. Dengan pelatih yang selalu memasang muka tegang, suara keras dan intimidasi verbal sebagaimana contoh di atas.

Bayangkan anak-anak TK/SD itu dipaksa untuk mengikuti kegiatan yang tujuannya hanya mengharumkan nama sekolah semata melalui *treatment* yang keras. Lain halnya, jika guru/ pelatih bisa melakukan persuasi (teknik pendekatan) dengan baik dan menyenangkan. Masih tidak apa-apa. Kalau sebaliknya?

Jika Anda berkelit, anaknya yang mau—*tetap ikutan meski gurunya kasar*—perlu diuji juga: apakah anak-anak mau ikutan latihan karena termakan doktrin/sugesti guru? Karena takut 'berbeda' dari temannya? Atau karena takut 'ancaman' orang tua?

Tidak cuma di kegiatan *drumband*, juga di kegiatan lain seperti olahraga. Praktik intimidasi verbal ini dianggap hal biasa.

Saya sampai tidak habis pikir, siapa yang menyarankan untuk melatih anak melalui intimidasi verbal begitu? *Dari mana terbangun keyakinan bahwa sikap keras begitu bisa memotivasi anak?*

Apa guru-guru olahraga itu termotivasi dengan cara mengajar pelatih sepakbola di Amerika Latin sana, yang muridnya memang 'preman' dan terbiasa hidup dalam pengabaian/ penelantaran?

Coba cerna lagi: kenapa cara kekerasan dianggap sebagai cara efektif mendisiplinkan anak?

Cara keras memang bisa mengubah perilaku instan untuk tujuan jangka pendek, tetapi apakah mereka bisa tumbuh dengan baik dalam kondisi mental yang terbiasa diintimidasi?

Mereka masih anak-anak, lo!

Jangan sampai kepekaan dan nurani mereka redup hanya gara-gara memenuhi ambisi untuk menang di *event* ini dan itu. Alih-alih, justru tumbuh banyak hambatan psikologis akibat *treatment* pendisiplinan yang tidak pas dengan usia dan kebutuhan mereka.

Kita mungkin di rumah sudah berusaha komunikatif dan menjaga *bonding* dengan anak, tapi ini tak akan ada artinya jika kita masih membuka diri terhadap praktik kekerasan verbal pada anak-anak kita yang dilakukan oleh institusi pendidikan. Institusi yang hanya *concern* akan keharuman sekolahnya semata.

Memang harus dimulai dari kita: orang tua. Untuk dengan tegas memberi batasan agar kekerasan verbal (intimidasi) tak dijadikan kebiasaan di lingkungan pendidikan. Jangan sampai anak-anak menelan norma yang salah. Apalagi sampai membuat hati mereka tidak lagi peka untuk membedakan mana tindakan yang wajar, mana yang tidak wajar.

Orang tua harus kompak menolak. Intimidasi verbal, atas alasan apapun, tidak bisa dibiarkan.

MENGENAL KOMBINASI GAYA BELAJAR

Apa gaya belajarmu? Visualkah, auditori atau kinestetik?

Kendati tiap orang punya gaya belajar dominan, misalnya, sama-sama dominan pada visual, belum tentu memiliki karakteristik belajar yang sama. Kenapa demikian? Karena ditentukan oleh kombinasi penyerta gaya belajar tersebut. Kendati sama-sama dominan visual, ada yang tipe kombinasinya 'VAK', yaitu, visual, auditori dan kinestetik. Ada juga dominan visual yang tipe 'VKA', yaitu, visual, kinestetik dan auditori. Kombinasi ini yang menentukan karakteristik dan bakat alami kamu.

Misalnya, jika kamu lebih suka belajar melalui membaca, suka bercerita, tapi tidak terlalu suka olahraga yang kompetitif dan cenderung memilih olahraga individual (berlari, berenang, yoga), kadang merasa canggung dengan tubuhnya. Seorang yang mudah berhubungan dengan orang lain melalui kontak mata dan memperlihatkan perasaannya melalui wajahnya, terorganisasi dengan daftar *(list)* dan catatan. Dan kamu suka bekerja secara mandiri. Bisa jadi gaya belajarmu merupakan kombinasi dari VAK: visual, auditori, dan kinestetik.

Karakteristik kombinasi VAK berbeda dengan kombinasi VKA. Kendati sama-sama dominan pada visual. Jika karakteristik berbeda, tentu penanganannya juga berbeda. Dalam *setting* akademis, kombinasi gaya belajar ini membantu guru untuk menentukan akomodasi belajar yang sesuai kebutuhan. Demikian pula dalam setting pekerjaan, membantu dalam menempatkan '*the right man on the right place*'.

Dan bagi peserta anak-anak, lembar *report* analisa disertai juga dengan saran *parenting* tentang bagaimana mengasuh anak sesuai kombinasi gaya belajarnya agar didapat hasil optimal.

Bagaimana, sudah tahu apa kombinasi gaya belajarmu? *Allsmart* siap membantu mengidentifikasi gaya belajarmu dan sembilan aspek potensi lainnya

MENGENAL GANGGUAN PSIKIS PASCA MELAHIRKAN

Agama memberi apresiasi tinggi terhadap ibu yang melahirkan. Tiada hari tanpa pahala yang menyertai ibu hamil. Lelahnya, peluhnya, semua menjadi sarana *zikrullah*. Bahkan niat seseorang untuk memiliki keturunan pun sudah mendapat pahala. Disambung pula dengan saat-saat melahirkan, menyusui dan pengasuhan.

Melahirkan bayi merupakan bentuk kelahiran baru juga bagi seorang perempuan. Otak perempuan di-*reset* menyesuaikan perannya dalam pengasuhan. Tubuh ibu menyemburkan hormon-hormon tertentu guna menyambut kelahiran baru.

Secara alamiah, semua organ tubuh ibu menyiapkan diri masing-masing. Seorang perempuan mencapai puncak hormonal feminitas tertingginya saat tengah mengandung.

Apresiasi yang diberikan agama bukan hanya terkait pengorbanan fisik seorang ibu yang menyabung nyawa saat melahirkan. Tak kalah penting adalah masalah psikis yang turut mengintai para ibu yang baru melahirkan. Kendati kini banyak dibahas masalah psikis *post-partum* (pasca melahirkan), tapi terbatas pada depresi saja.

Pada kenyataannya, ibu melahirkan berpotensi mengalami—*setidaknya*—enam gangguan psikis, yaitu: depresi pasca melahirkan, *obsessive-compulsive disorder* (OCD) pasca melahirkan, gangguan panik pasca melahirkan, gangguan stres-traumatik pasca melahirkan, psikosis pasca melahirkan dan bipolar pasca melahirkan.

Gangguan psikis pasca melahirkan ini ada dalam kategori: *Perinatal-Mood and Anxiety Disorders* (PMADs). Lintas kategori dari gangguan kecemasan sampai psikotik.

Kondisi ini mestinya menjadi perhatian bagi semua. Sudah saatnya rumah sakit melatih para tenaga kesehatan untuk mengenal tanda-tanda gangguan psikis pada ibu yang baru melahirkan. Selama ini rumah sakit hanya menaruh perhatian pada kondisi bayi, lupa pada ibunya. Ibunya dianggap robot yang hanya diinput nasihat: 'ibu mesti begini begitu'. Padahal ibu juga baru menyambut dirinya yang baru.

Bagaimanapun pengaruh ibu sangat besar pada bayi. Bukan hanya pengaruh pada psikis, melainkan juga menyangkut nyawa bayi! Bayi bisa tiba-tiba demam tinggi, kena infeksi, bilirubin lama dan gangguan kesehatan lainnya. Penyakit yang erat pengaruhnya dengan kondisi psikis ibu. Maka kenapa mesti diperhatikan juga kondisi ibu.

Memang kadang sulit memantau kondisi ibu bagi mata awam. Apalagi kalau ibu sedang mengalami manik yang merupakan bagian dari bipolar. Ibu nampak bersemangat, banyak bicara, penuh kesibukan, padahal itu bagian dari *manic*. Awal dari gangguan bipolar.

Dibutuhkan sekali dukungan mental dari orang sekitar. Alih-alih mengkritisi,'kenapa kok tidak ASI *full?*', 'kenapa tidak disusui langsung?', 'kenapa ibunya makan jorok dan tidak sehat?', 'kamu jarang zikir', 'kenapa begini begitu ...' Lebih baik siapkan diri kita menjadi *support system* yang baik, yang langsung turun membantu: menyuapi ibu, memijatkan punggungnya, membawakan makanan sehat siap santap, datang tiap pagi untuk menemani jalan sambil berjemur di bawah matahari, memberikan alat yang dapat memantau pergerakan bayi dan membacakan Al-Qur'an untuknya.

Pastikan jam tidur ibu cukup. Besarkan jiwanya, alih-alih membandingkan kondisinya dengan orang lain. Jika kita memang peduli dengan masa depan bayi tersebut, jaga kondisi ibu.

Demikian pula peran suami. Jangan ditanya, ya, bagaimana dampaknya terhadap kesejahteraan psikis ibu. Sensitivitas panca indra ibu sedang mengalami puncaknya. Hidungnya tajam menghidu. Maka berhati-hatilah dalam menjalankan peran sebagai suami. Kalau biasa gemar selingkuh, mbok ya, berhenti dulu selingkuhnya. Kalau biasa mengumbar kata cerai sehari-hari saat bertengkar, mbok ya direm dulu. Kalau istri histeris jangan malah *playing victim, curcol* ke mana-mana, merasa diri sebagai suami yang sudah lelah bekerja, tapi masih *diomelin* istri.

Ya masih mendinglah kalau kena omel istri, daripada tiba-tiba istri bunuh bayinya. *Naudzubillaah*.

Kalau *ngaku* sayang anak, kasihi ibunya.

Pentingnya persiapan pranikah adalah memberi pemahaman bagi calon suami mengenai masalah ini. Tentang masalah psikis pasca melahirkan.

Terkait pemicu masalah psikis ini, erat kaitannya dengan hormonal. Satu hal yang saya notice adanya kecurigaan pada efek samping dari pemberian obat anti sakit (bius?) yang berlebihan. Pemberian obat anti sakit ini bisa mengacaukan peran hormon alamiah. Macam placebo yang memanipulasi alarm tubuh. Akibat kekacauan hormon ini bisa memicu termanifesnya gangguan psikis.

Ini hanya dugaan. Tapi baik juga kalau diadakan riset tentang ini.

Wallahu a'lam.
Semoga manfaat.

POTENSI DAN TALENTA

Setiap manusia lahir pasti membawa talenta dan kecenderungan dalam merespon/menerima informasi. Akan tetapi jarang sekali orang yang merasa benar-benar yakin, mengenai apa yang menjadi kekuatan maupun kelemahan dirinya. Kebanyakan hanya menduga-duga, ditambah pula dengan minat situasional yang sedang menjadi tren di lingkungan.

Jadilah kebanyakan orang mengikuti apa yang sedang menjadi tren saat itu. Padahal tren itu mungkin hanya bertahan beberapa belas atau puluh tahun saja. Selanjutnya berganti seiring perkembangan zaman yang dinamis. Padahal keinginan untuk mencari tahu tentang siapa diri kita yang sebenarnya merupakan kecenderungan primordial bagi setiap insan manusia. Pertanyaan tentang: Siapa diri saya? Apa kehendak Tuhan dalam penciptaan diri saya? Merupakan desakan alamiah yang perlu diakomodasi. Untuk betul-betul mengenal diri memang sulit. Tapi setidaknya ada langkah atau tahapan yang bisa dilakukan oleh orang tua atau diri sendiri.

Tahapan dalam melihat potensi diri ini dapat dimulai dari observasi. Observasi dibutuhkan untuk melihat kemampuan aktual saat ini yang tentu dipengaruhi oleh keadaan/kesiapan fisik dan stimulasi dari lingkungan. Observasi sederhana melalui keistimewaan dan ketertarikan anak. Bisa juga dengan memberikan pancingan berupa benda maupun beberapa kegiatan. Beri kesempatan anak mengeksplorasi sambil diberikan arahan dan latihan. Lalu lihat bagaimana responnya. Anak biasanya mudah meniru kebiasaan yang dibentuk oleh orang tua. Apakah itu berupa kebiasaan ayah untuk mengutak-atik mesin mobil, kebiasaan ibu memasak dan menyanyi.

Kalau masih penasaran untuk mengetahui potensi anak, bisa melakukan psikotes, biasanya dilakukan setelah usia anak 4 tahun ke atas dengan fokus utama mengakomodasi kemampuan anak di bidang verbal dan angka.

Sedangkan untuk mengetahui potensi alamiah/bawaan anak, bisa menggunakan deteksi melalui sidik jari. Melalui hasil analisa ini, selain potensi anak, juga dapat dideteksi kecenderungan bawaan anak dalam merespon/menerima informasi. Kecenderungan anak ini akan memberikan informasi tentang bagaimana/cara menstimulasi yang sesuai dengan bawaan anak.

Dalam melihat potensi, berlaku hukum kompensasi. Suatu 'kekurangan' akan dikompensasi oleh kelebihan di bidang lain. Selain itu, kekurangan di satu bidang tidak bisa digeneralisir sebagai hal yang dapat diabaikan. Sebagai contoh, orang yang persentase komunikasinya kecil, justru menunjukkan kemampuan komunikasi yang spesifik. Misalnya, dia sangat peka dan lancar bicara dengan anak yang lebih kecil. Ada juga yang sangat lancar ketika membicarakan keahliannya. Ada yang sangat komunikatif ketika bicara di balik layar, sebagai penyiar radio atau *dubber*.

Ini berlaku bagi anak tipikal maupun yang berkebutuhan khusus. Masalah anak tipikal karena banyak distraksi oleh minat situasional perlu dibantu agar fokus. Demikian pula anak berkebutuhan khusus, perlu dibantu secara *persistent* agar dapat menemukan kemahiran di bidangnya masing-masing.

Untuk mengeksplorasi hasil sidik jari Allsmart—Pemetaan Bakat & Kompetensi, ada baiknya dikonsultasikan dengan psikolog, agar memperkaya sudut pandang sekaligus membantu dalam menyalurkan di bidang yang sesuai dengan potensi alamiah anak.

CRYING FOR HELP

Kalau anak saya mulai *rungsing* dan ogah dibujuk dengan buku bacaan, *keukeuh* pingin main PS/nonton dengan alasan bosan karena tidak ada teman, saya melakukan aksi ini.

"Dua belas tahun lalu, ada Ayah dan Mamih yang setiap malam selalu berdoa kepada Allah. 'Ya Allah, berikan kepada kami seorang anak. Agar makin banyak senyum di rumah ini, agar bertambah keceriaan di rumah ini, agar makin banyak cinta di rumah ini. Selama dua belas tahun lamanya, Ayah dan Mamih tak henti berdoa. Allah pun mendengar doa kami dan memberikan hadiah seorang bayi laki-laki yang sehat dan lucu. Bayi itu diberi nama ...,'" dan seterusnya.

Penuturan ini efektif sekali untuk menenangkan dan menurunkan tensi emosi yang tadinya siap meledak menjadi *kerungsingan*. Biasanya anak jadi mudah dibujuk dan diajak negosiasi mengenai kegiatannya apa yang ia lakukan sepanjang hari ini, sekaligus memberi pengertian tentang kesibukan orang tuanya saat itu.

Sebagaimana yang selalu disarankan para ahli, sebelum kita berharap anak mau mendengarkan saran, nasihat atau segala hal yang membutuhkan kesiapan kognitif, maka redam dulu emosinya, penuhi dulu kebutuhan afeksinya. Selama emosi masih membajak otaknya, tak akan bisa ia diajak bicara dengan baik. Tak akan efektif memberikan saran pada anak yang lagi 'sesak dadanya oleh emosi'.

Apalagi kalau kita lagi *baper*, timbul rasa tak berdaya mengendalikan anak. Timbul *'over-thinking', kalau kecilnya aja tidak nurut, gimana nanti besarnya?* Akibatnya orang tua terdorong menggunakan cara-cara represif, seperti: memberikan ultimatum, mengancam, menghina, tak jarang melakukan tindakan fisik-memukul, mencubit, dan sebagainya.

Padahal hanya butuh sedikit *switch-strategy* saja maka masalah kecil bisa redam. Percayalah, apa yang dilakukan anak tak lebih dari '*crying-for-help*'. Mereka butuh bantuan kita sebagai sosok yang paling *powerful* dalam mata mereka. Tidak ada maksud dari anak-anak ini untuk mengganggu apalagi menghancurkan otoritas kita sebagai orang tua.

Semoga sharing ini membantu siang ini jadi lebih indah, ya.
Amin.

PLANET BERLIAN

Suatu ketika, anak saya bercerita dengan antusias tentang sebuah planet yang tersusun dari batu berlian. Bayangkan, jika kita tinggal di planet itu, berlian tidak ada 'harga'nya lagi. Meskipun, kata anak saya, ambilnya *dikit aja*, Mamih. Secukupnya untuk dijual di bumi.

Ya. Allah Maha Kaya, itu bukan konsep belaka.

Kalau Allah mau menjadikan kita kaya detik ini juga pasti mudah saja. Tinggal *plurukin* beberapa butir berlian dari planet tersebut, atau dari perut bumi pun, mudah saja.

Selain Maha Kaya, Allah juga Maha Pengasih. Pasti Allah akan memberi kalau kita minta. Tidak ada sebuah doa yang 'kosong', kata *mursyid* saya. *Wong* kita *aja* yang punya harta seadanya pun, jika ada peminta-minta, pasti kita berikan, kok. Masa Allah tidak mau ngasih? Kan kita ciptaan Dia *ta'ala*. Ke mana lagi kita meminta, ke mana lagi kita menghadapkan wajah, ke mana lagi kita menadahkan tangan ... kalau bukan kepada Dia, Sang Pencipta?

Hanya saja, sebuah doa kadang tidak terwujud dalam bentuk yang sesuai dengan bayangan kita. Bisa jadi karena ada kaidah yang mungkin belum kita penuhi dalam berdoa. Misalnya, tidak boleh berkeluh kesah. *Kenapa?* Karena keluh kesah adalah langkah ampuh mengunci pintu rezeki. Tak akan terbuka pintu rezeki jika diiringi keluh kesah. Padahal Allah sudah janjikan, dalam ruang kefakiranmu merupakan ruang untuk kita *bermualah* dengan Dia. Dalam mengangkat sebuah doa, kita sungguh akan diuji: apakah kita menyandarkan diri pada pertolongan-Nya atau hanya mengandalkan logika sendiri atau berharap pada orang lain? Pada pasangan, orang tua, saudara, teman, dan lainnya.

Ujungnya memang kita ditarik untuk mengenal Allah, bagaimana membangun hubungan dengan-Nya. Mungkin itu pula kenapa masa covid ini, berdekatan dengan Syaban dan Ramadan, agar kita fokus merenungi keadaan akidah saat diuji dalam kondisi ini.

Tapi yakinlah. Yang pasti, Allah akan memberikan takdir yang baik bagi jiwa kita.

CERMIN

'Anak cermin orang tuanya'. Ungkapan ini bukan hanya bermakna filosofis. Dalam konteks *parenting*, di dalamnya terkandung komponen interaksi, stimulasi dan mengamati/ observasi, 'bercermin' dianggap sebagai pendekatan yang efektif.

Saat membantu anak mengatasi konflik emosional atau ketika orang dewasa mau terlibat lebih dekat dengan anak, kita bisa lakukan 'bercermin', atau istilahnya *'mirroring'*. Sama seperti fungsi cermin untuk memantulkan gambar, kita pun merespon dengan cara memantulkan perasaan anak. Saat dia ingin *nangis*, ya, kita pasang ekspresi sedih. Saat dia kecewa, kita nyatakan kekecewaannya secara lisan maupun ekspresi wajah. Orang tua tak perlu buru-buru memberi solusi berupa nasihat, menceramahi anak apalagi meng-*counter* semua perasaannya dengan menyatakan semua baik-baik saja, apalagi sampai menyudutkan anak saat anak sedang mengalami konflik.

Kalaupun memang ada asumsi/alasan anak yang terdengar irasional jangan buru-buru dikoreksi, karena selama anak masih dalam kondisi emosional, semua nasihat yang berseberangan dengan perasaan yang dialami, dianggap sebagai ancaman/serangan.

Mirroring adalah bentuk dukungan kita untuk membantu mengurangi beban emosi anak. Sama halnya ketika di kelas anak dapat nilai ujian 0. Kalau hanya dia sendiri pasti bakalan drop, tetapi kalau setengah saja dari teman sekelasnya dapat 0 juga, alih-alih mereka ngakak bareng.

Ya, seperti itulah. *Mirroring* kita lakukan untuk menyamakan 'frekuensi' interaksi. Kita berusaha menyelami perasaanya dan memantulkan kembali. Setidaknya kita menunjukkan ekspresi yang sama sebagaimana yang sedang dia alami. Demikian pula perkataan yang kita ungkapkan juga untuk mendukungnya.

Kalau anak sudah mengeluarkan kalimat seperti 'mau aku bunuh', kita bisa menggunakan kalimat retorik, 'Kakak merasa ingin membunuhnya karena merasa sakit hati?' Atau jika di rasa pembicaraannya mulai melantur, tenangkan fisiknya: peluk, usap punggungnya.

Ingat. Anak yang sedang melampiaskan emosinya justru sedang mengirimkan sinyal mohon bantuan. Jadi jangan tinggalkan anak sendirian, karena justru dia sedang butuh ditenangkan.

Jangan pula sibuk meng-*counter*/menentang semua perkataan anak. Alih-alih justru mengeskalasi emosi. Orang tua merasa terhantam harga dirinya karena anak tidak *nurut,* sebaliknya anak merasa tidak didukung. Sama-sama melelahkan bagi keduanya, ditambah makin buruknya hubungan.

Emosi seperti ini yang kadang mendorong orang tua menggunakan *power*-nya dalam bentuk negatif. Padahal orang tua sangat bisa menggunakan *power* untuk menangani anak.

Meski kalimat anak sangat tajam, itu hanya refleksi dari ketakberdayaannya dalam mengendalikan diri. Kalimat tajam, kalimat negatif, hanya diekspresikan oleh orang-orang yang tak berdaya dalam mengontrol perilakunya.

Memang pendekatan *'mirroring'* ini bersifat terapeutik. Butuh dilatih. Tidak semua orang tua langsung bisa menguasai keterampilan ini secara alamiah.

Mirroring baru merupakan langkah awal untuk masuk ke tahap selanjutnya dalam menangani masalah emosi/konflik pada anak.

Akan tetapi langkah awal ini pun jika sudah dikuasai dengan baik, bisa membantu menenangkan anak sehingga tumbuh insight untuk menyelesaikan masalahnya. Melatih anak agar tumbuh *insight*/motivasi internal dalam menyelesaikan masalah yang menjadi target dari pendekatan *'mirroring'* tadi.

Setelah huru-hara emosi reda, baru kita bisa mengajaknya bicara. Bisa secara langsung atau menggunakan analogi maupun berbagi hasil refleksi/kontemplasi diri.

Selamat mencoba.

AGRESIF

Seorang anak lelaki usia 6 tahun ditanya oleh seorang terapis.

Terapis (T): Apa yang kamu lakukan ke ibumu?
Boy (B): (menunduk, tidak menjawab)
T: Apakah kamu memukul ibumu?
B: Iya, aku pukul.
T: Apakah kamu menendang ibumu?
B: Iya, aku tendang.
T: Apa yang kamu rasakan saat memukul dan menendang ibumu?
B: Sedih.

Sang ibu meminta bantuan pada profesional (terapis, psikolog) karena tak tahu lagi bagaimana mengatasi perilaku agresi anak laki-lakinya. Si anak tak segan memukul, menendang ibunya, dan meronta-ronta saat dipegang, sampai ibunya kewalahan. Bahkan saat ibunya menutup pintu kamar, anak ini akan terus berbuat keributan, dengan melemparkan semua barang. Kondisi ini tidak hanya membuat si ibu merasa lelah fisik dan psikis, tapi juga berimbas pada anak perempuannya yang masih berusia 4 tahun. Ibunya bahkan tidak berani 'melepas' kedua anaknya bermain bersama, khawatir adiknya menjadi sasaran pelampiasan si kakak.

Anak ini tidak dibawa ke ruang terapi. Karena membawa keluar anak ini dari rumah bisa membuat huru-hara di mana-mana. Lagipula yang dibutuhkan memang bagaimana agar si anak dapat mengendalikan perilaku dalam setting rumah. Karena memang ibu kewalahan menghadapi perilaku anak di rumah. Untuk itu seorang terapis datang ke rumah tersebut seminggu sekali untuk memberikan panduan kepada ibu anak laki-laki tersebut.

Sebelumnya terapis menanyakan, pada kondisi apa saja biasanya si anak jadi mengamuk seperti itu? Pada jam berapa saja? Dalam keadaan apa? Apakah dia mengamuk dalam setiap kondisi? Apa yang memicu timbulnya perilaku agresi? Apakah dia sensitif dengan suara? Dan lainnya.

Setelah dilakukan wawancara mendalam untuk identifikasi masalah, akhirnya ditarik kesimpulan: kondisi ini selalu terjadi pada anak menjelang tidur malam hari. Maka terapi difokuskan pada menangani anak menjelang tidur.

Seterusnya, terapis memberikan tugas-tugas pada orang tua untuk diterapkan setiap satu minggu.

Beberapa hal yang menjadi perhatian dalam pemberian terapi di rumah adalah: kesempatan bagi ibu/orang tua untuk mengenali daya tahan dirinya sendiri dulu. Ketika anak tak menurut saat dipanggil, apa yang ibu rasakan? Ketika anak membalas perintah ibu dengan perilaku agresi bagaimana perasaan ibu? Karena memang apa yang ibu rasakan akan beresonansi dengan perasaan anak.

Ada anak-anak yang sensitif sekali dengan nada suara. Mendengar suara ibunya meninggi membuat anak terpicu agresinya, berubah jadi gelisah dan blingsatan. Ada anak yang mesti dipegang kedua tangannya dan dibuat sejajar kontak mata agar ia dapat merespon ucapan yang kita sampaikan. Ada anak yang ketika ekspresi orang tua menjadi tegang, bukannya takut malah makin tersulut marah. Ada anak yang mesti diberi 'instruksi' dengan nada tertentu dan ucapan singkat. Ada anak yang mesti dipijat lembut baru bisa diajak bicara.

Melakukan identifikasi masalah juga penting dilakukan. Orang tua harus membuat catatan, kapan saja anak mengamuk, jam berapa, pada kondisi apa. Perhatikan juga kapan terjadi eskalasi/peningkatan emosi? Catatan ini penting sekali untuk melihat kondisi emosi kita juga saat itu.

Umumnya eskalasi emosi terjadi karena 4 hal:

1. Kalimat negatif (dan mengulang-ulangnya)
2. Terlalu sering melakukan penolakan -melalui kata jangan/tidak,
3. Rapport/hubungan yang kurang baik, dan
4. Tidak mengenali fase transisi dari kegiatan anak.

Yang pertama dan kedua sudah sering saya bahas melalui tulisan di fb. Yang ketiga menimbulkan tanya-tanya: bagaimana mungkin orang tua/pengasuh yang sehari-hari bersama anak di rumah tak mampu membangun *rapport*/hubungan baik? Perlu kita pahami yang dimaksud bubungan baik adalah pada saat orang tua mampu melakukan '*mirroring*' dengan anak. Dengan tujuan mendapatkan kesan positif dalam berkegiatan bersama anak.

Kita mungkin secara fisik ada bersama anak, tapi berapa menit dalam sehari yang kita betul-betul berinteraksi lekat, tatap mata, bersentuhan fisik dan melakukan percakapan dialogis? Jika sudah dilakukan, apakah kita konsisten? Berapa lama durasinya?

Orang tua perlu menyisihkan waktu untuk interaksi lekat bersama anak, setidaknya setengah jam sehari setidaknya selama 6 hari berturut-turut. Cukup salah satu orang tua saja, tidak perlu semua. Kalau punya anak banyak, bisa bagi-bagi tugas antara ayah dan ibu dan nenek/pengasuh lainnya, asalkan memegang konsep yang sama dan anak bisa mengenal fungsi otoritas orang tua tanpa mesti dipaksakan melalui kekerasan.

Kebanyakan orang dewasa hanya merespon saat terjadi huru-hara. Jarang sekali kita melakukan interaksi saat anak anteng dan asyik. Padahal di momen inilah kita menanamkan pengalaman positif bersama anak. Padahal sebagai makhluk sosial, anak senang kalau kita mau berinteraksi bersamanya.

Nah, kembali ke percakapan di atas.

Sungguh mengejutkan bukan? Ketika anak menjawab bahwa ia merasa sedih saat melakukan itu. Ya, karena dia tak tahu bagaimana cara menyatakan apa yang ia rasakan. Bahwa ia tak ingin tidur, ia takut sesuatu, atau ada kegelisahan lainnya. Sementara bagi ibunya, ketika anak tidak mengikuti aturan yang diterapkan dianggap anak melawan eksistensi dirinya sebagai orang tua. Sama halnya dengan orang tua yang menangis sedih saat tak bisa mengendalikan diri hingga berlaku kasar kepada anak, demikian pula yang dirasakan anak. Ini menjadi siklus yang membuat kedua belah pihak menjadi makin frustrasi. Anak-anak—*apalagi balita*—memang mengedepankan emosi dalam merespon keadaan. Kalau kita pun hanya mengandalkan intuisi semata tanpa pemahaman tentang kebutuhan anak, bisa mudah sekali terbawa dalam lingkaran emosional tersebut.

Bagaimana pun, zaman berubah. Lingkungan berubah. Banyak lompatan besar yang membuat jurang besar antara masa kita kecil dulu dengan anak-anak kita. Otak anak-

anak pun berubah mengikuti tuntutan zaman. Maka kita pun harus bersegera menata teknik pengasuhan yang sesuai dengan keadaan anak-anak kita hari ini.

Semoga Allah beri petunjuk, inspirasi dan ringankan dalam mengasuh amanah ini.

Amin ya Allah.

KETIKA ANAK MAGER

Pagi-pagi, sehabis main badminton, anak *lanang rungsing* minta *dibikinin* sarapan roti. Padahal biasanya dia selalu bikin sendiri rotinya. Nah, pagi ini alasannya lagi *mager*, jadi minta amih *aja* yang *bikinin*. Sementara amih lagi sibuk *kerjain* pe-er buat kuliah *online* pagi.

Kalau dinasihati suruh buat sendiri pasti bakal 'mental'-lah omongan amih. *Wong, ini anak lagi butuh afeksi.*

"Yahya sini, Nak." Mesti kasih pelukan *dikit. Abis* itu *bisikin* ke telinganya, "Nak, Mamih minta tolong Abang Yahya *bikinin* roti buat Mpok, ya? Kasian dia sejak datang tadi langsung kerja cuci piring, *bersihin* kandang kucing, bentar lagi mesti *nyuciin* baju kita. Si Mpok pasti capek dan lapar. *Tolongin* ya, nak"

"Berapa banyak rotinya, Mamih? Pake mentega, enggak?' tanggapnya sigap sambil mengambil roti tawar, mengoleskan mentega dan meses. Setelah selesai, roti dianter ke dapur buat si Mpok (ART yang kerja dari jam 7 pagi - zuhur).

Si Mpok bertanya, "kok rotinya tidak dimakan, Tong?'

"Itu buat Mpok," jawab Yahya sambil malu. Si Mpok *surprise* banget dan bilang *makasih* berkali-kali.

Yahya nampak semringah, lalu dia lanjut bikin roti untuk dirinya sendiri dan nawarin mamihnya juga.

Yup. Sekali dayung, dua tiga pulau terlampaui.

Pe-er selesai, kuliah *online* lancar, anak anteng dan semua kenyang.

Blessed morning.

PENGAKUAN DUNIA

"Mamih, kapan Abang jadi ganteng?"
"Bunda, kok aku tidak cantik?"
"Ibu, stop foto-foto aku terus. *I'm ugly.*"

Hati ibu mana yang tidak berdenyar *plaaass* mendengar 'ratapan' anak tentang kondisi fisiknya?

Pinginnya, sih, langsung meng-*counter* pendapat mereka dengan ucapan "Buat Mama, anak Mama yang tercantik/ terganteng."

Ya, itu kan kata Mama. Aku tidak butuh pendapat Mama. Aku butuh pengakuan 'dunia' tentang cantik/gantengnya aku, kata hati anak.

Sejak zaman dulu kala sampai hari ini, kebanyakan remaja mengalami fase galau mengenai kondisi fisiknya. Sudah cantik paripurna pun masih terganggu oleh hal kecil. Gara-gara *sebijik* jerawatlah, tinggi badanlah, rambut yang sulit mengembanglah, terlalu mengembanglah, sampai *printilan* lain yang membuat dia meramalkan sendiri tentang suramnya masa depan.

Bagaimana jika anak-anak kita sedang mengalami fase ini?

Yang pertama. Bersyukurlah. Anak-anak kita masih mau mengekspresikan perasaannya kepada orang tuanya sendiri. Ini suatu isyarat dari anak kita bahwa ia masih butuh orang tuanya untuk membantunya melewati masalah yang membebani pikirannya.

Kedua. Berempatilah. Peluk erat dia. Dekap hangat. Tunjukkan bahwa kita paham perasaannya dan ingin sekali membantunya. Secara fisik, pelukan bisa merangsang hormon oksitoksin yang mereduksi stres. Setidaknya intensi kecemasan anak bisa berkurang dari afeksi fisik yang kita berikan.

Ketiga. Bertanya *(probing)*.

1) Menurut Abang/Kakak yang ganteng/cantik itu seperti apa? Anak mungkin akan menjawab: Yang rambut lurus dan berkulit putih. Yang perutnya *sixpack* dan tinggi. Yang rambutnya tidak berdiri-diri (tajam *kayak* duri). Yang matanya indah saat mengerling dan lentik bulu matanya.
2) Apa yang Kakak/Abang takutkan jika ternyata rambut kakak tidak lurus seperti artis Korea, perut Abang tidak *sixpack* seperti pemain bola? Apakah Kakak takut tidak disayang jika tidak berambut lurus? Apakah Abang takut tidak dapat teman kalau tidak *sixpack?*

Jika memang ada yang bisa kita bantu dengan urusan fisiknya, kita bantu. Misal: masalah jerawat bantu obati. Gigi kurang rata bantu dirapikan ke dokter. Masalah tinggi badan *ajakin* gabung klub olah raga. Rambut tajam-tajam berdiri, apa mau dikasih pomade dan sejenisnya? Rambut ingin lurus, tawarkan sebaiknya Kakak mau diapakan? Kalau anak tidak mau difoto, ya, jangan di-*share*. Jangan sampai anak jadi merasa keresahannya diabaikan, anak mengorbankan perasaannya demi memenuhi 'kepentingan' orang tua yang menurutnya tidak *urgent*.

Nah, di sini pentingnya kepekaan kita sebagai orang tua. Berusaha memahami apa yang dianggap hal besar bagi anak. Jangan kita langgar. Jangan kita abaikan.

Tawaran solusi—*sesaat*—ini meski mungkin tidak langsung dieksekusi atau tak langsung menyelesaikan akar masalah ... tapi sudah sangat membantu mengurangi kecemasan anak, meski bagaimanapun, mau dia akui atau tidak, respon orang tua tetap ia butuhkan.

Demikian pula semua pertanyaan-pertanyaan tadi tidak mesti dijawab anak seketika itu juga. Beri kesempatan anak mengendapkannya. Kalau anak jadi marah dengan pertanyaan itu. Ya kita peluk lagi. Ucapkan '*love you*', 'sayang Bunda', '*sholihat* Mama' atau ucapan afeksi yang biasa kita berikan.

Keempat. Alihkan dengan menanyakan kegiatan apa yang akan ia lakukan hari ini. Kalau dia tidak punya ide. Kita usulkan rencana kegiatan/permainan yang bisa dilakukan antara anak dan orang tua. Misal: sepedaan bareng berdua, main kartu, ajak anak mengenal mainan ortu zaman dulu. Mengapa tidak? Yang penting bagi anak adalah interaksinya, bukan melulu tentang jenis kegiatannya.

Bisa juga kita minta anak mengajarkan kemampuannya pada kita. Misalnya, minta anak *ngajarin* orang tua menggambar, minta dia bantu kita menanam tanaman yang dia suka, minta *ajarin* edit potoshop, minta dia menceritakan tokoh-tokoh favoritnya (misal: tokoh pelukis, pemain sepakbola idola, dan lain-lain). Bisa juga minta dia *bantuin* untuk *talaqi* (orang tua menghafal surat, anak yang mengoreksi hafalan), minta dia ajarin nyanyi lagu terbaru, dan sebagainya. Biasanya anak-anak suka kalau diakui kompetensinya. Bahwa dia memiliki sesuatu yang berarti yang berguna/punya manfaat bagi lingkungan.

Keempat langkah di atas merupakan langkah awal untuk membangun/menjaga relasi positif antara orang tua dan anak. Kita perlu membangun keyakinan pada anak bahwa kita tidak tinggal diam saat dia menghadapi masalahnya.

Masalah konsep diri ini memang tak bisa langsung selesai seketika. Bisa jadi akan menjadi persoalan yang terus membayangi persoalan hidup manusia yang merupakan awal pencarian diri tentang 'siapa aku', 'apa makna kehadiranku'. Bantuan orang tua akan mengurangi intensitas kecemasan agar tak bermanifes pada kecemasan yang patologis.

Membantu anak agar objektif dalam merespon lintasan pikiran yang belum tentu sesuai dengan realitas.

Masalah konsep diri yang tak terekspresikan bisa menjadi beban psikis yang membuat anak jadi kehilangan antusiasme/ gairah dan inisiatifnya. Remaja ini butuh teman untuk bergerak. Kalau tidak ada temannya jadi *mager*. Tidak punya ide. *Buntu*.

Orang tua bisa lebih rajin menggali apa yang menjadi minat atau keahlian anak. Kita bisa ingatkan juga kebiasaan anak waktu kecil yang unik/istimewa.

Semua data yang berkaitan dengan masa kecil dirinya selalu menarik bagi anak. Tentang kebiasaannya waktu kecil. Ini jadi data penting baginya untuk membangun *insight* tentang keistimewaan dirinya. Kita tidak perlu ceramah panjang lebar soal misi hidup dan konsep-konsep lain yang masih terlalu abstrak bagi dirinya.

Informasi dari orang tua tentang keistimewaan masa kecilnya, kegigihan orang tua dalam membantunya menggali minat dan bakat, termasuk bagaimana orang tua yang terus belajar memetakan diri untuk memaknai misi hidupnya, merupakan bentuk perilaku konkret yang memvalidasi, bahwa persoalan konsep diri tentang 'siapa aku' merupakan hal wajar yang menjadi pencarian sepanjang hayat.

Sebagaimana kita pun masih menjalaninya sampai hari ini.

Selamat membersamai anak-anak masa depan.

ILHAM UNTUK BUNDA

Di Al-Qur'an dikisahkan tentang para ibu yang Allah ilhamkan jalan keluar saat menghadapi masa-masa kritis terkait pengasuhan anak. Allah ilhamkan kepada ibu Musa untuk menghanyutkan bayinya dalam tabut. Allah ilhamkan kepada Maryam agar bayinya sendiri yang memberikan 'kesaksian' pada umat yang menghujat. Juga Allah ilhamkan kepada Siti Hajar bagaimana cara memperoleh air untuk bayinya yang kehausan.

Jalan keluar itu Allah ilhamkan saat para ibu ini telah mengoptimalkan usaha *jasadiah*-nya. Jalan keluar itu muncul setelah usaha *jasadiah* Siti Hajar yang berlari bolak-balik dari gurun Shafa ke Marwa sampai tujuh kali. Tak terbayangkan kondisi daerah gersang tanpa air, mungkin terik. Tanpa alas kaki '*comforta*'. Haus dan lapar dengan bayi yang masih lekat menyusui.

Demikian pula Maryam. Di tengah kebingungannya kenapa Allah jadikan dirinya hamil tanpa suami, gadis muda ini tetap mempertahankan kehamilannya. Sembunyi dari masyarakat selama sembilan bulan kehamilannya. Tanpa seorang pun tahu, lalu melahirkan tanpa bantuan.

Juga ibu Musa yang bergerilya menyembunyikan bayinya dari sergapan tentara Fir'aun.

Andai mereka orang yang mudah putus asa, mudah menyerah dengan keadaan/tradisi, mungkin jalan takdir akan berbeda.

Kita dan para ibunda mulia itu bisa jadi beda kesucian. Beda bobot penderitaannya juga. Tapi kita sama-sama punya peluang untuk menjadi hamba yang Allah ilhamkan jalan keluar dalam mengawal anak-anak kita tumbuh.

Mereka telah menjadi teladan dalam upaya mereka mengoptimalkan segala daya akal dan jasad.

Al-Qur'an sungguh mengapresiasi seorang ibu yang terus mendampingi anaknya meski di saat-saat tersulitnya. Selama kita peduli, pasti akan Allah ilhamkan cara/metode/jalan keluar yang paling pas. Setiap sentuhan tangan kita kelak akan berbuah juga.

Masalahnya adalah kita seringkali terburu-buru mengambil kesimpulan. Ingin lekas menggegas anak untuk menampakkan tanda-tanda yang dapat dibanggakan. Kadang, ingin segera mendapat jalan keluar, tetapi menganggap sepele proses pendampingan ini. Enggan untuk mencari tahu. Akibatnya kita berinteraksi dengan mengulang-ulang pola yang sama, yang lambat laun makin menggerus *'bonding'* (rasa keterikatan) kita dengan anak.

Kita mungkin selalu bermohon agar Allah karuniakan ilham dalam mendampingi anak-anak kita tumbuh. Doa yang paling hakiki adalah doa yang dibangun di atas peluh dan airmata. Sebuah permohonan yang tumbuh di atas suatu usaha belajar tanpa henti melalui pengetahuan, perbaikan diri, dan usaha pembelajaran lainnya. Sebagaimana yang disimbolkan Siti Hajar saat berlari-lari antara dua bukit gurun yang terik hanya bersama bayinya saja,

Karena anak-anak adalah cermin diri. Cermin itu akan 'nyaman' dipandang dari *angle* yang tepat. Itulah yang bisa kita lakukan saat berinteraksi dengan anak-anak. Bisa jadi kita harus mengubah sudut pandang, memperbaharui pemahaman tentang anak-anak kita hari ini, dan terus belajar menata hubungan kembali. Selalu terbuka peluang untuk terbangun kembali jalinan kasih sayang tersebut.

Semoga Allah ilhamkan cara pengasuhan, cara interaksi, cara pendampingan yang tepat bagi perkembangan jiwa anak-anak dan diri kita.

Amiin ya Allah.

PENYAPIHAN

Yang namanya penyapihan itu selalu 'menyakitkan'. Penuh airmata. Sebagaimana jeritan bayi yang baru keluar dari rahim ibu. Sebagaimana rewelnya anak yang baru disapih dari air susu ibu. Padahal penyapihan itu punya tujuan yang baik dan menyehatkan.

Bayangkan jika janin terus *'ngendon'* dalam rahim, bisa membatu dan berpenyakit ia. Maka saat tiba waktunya ia harus keluar dari rahim. Meski menjerit, meski menangis bermalam-malam.

Tenanglah, kamu tidak akan celaka ... ada ibu yang merawat, ada ayah yang menjaga, ada doa-doa dari orang yang mencintaimu, ada malaikat yang menemani di kiri kanan, depan belakangmu. Dan segala takdir tentang dirimu ada dalam pengetahuan dan kasih sayang Allah ta'ala.

Tapi si bayi tetap saja menangis, sampai ia kemudian bisa membuka mata dan menemukan betapa menariknya dunianya yang baru.

Sepanjang kehidupan, kita pun akan mengalami hal serupa sebagaimana bayi tersebut, mengalami penyapihan demi penyapihan. Kemelekatan yang tidak baik dan membuatmu berpenyakit pelan-pelan dicabut, diangkat, dilepas.

Sakit memang. Menjerit, menangis, pada awalnya. Tapi seperti si bayi, perlahan namun pasti, matanya mulai terbuka lebar sehingga dapat menyaksikan semua keindahan. Kakinya mulai kokoh melangkah, dan senyumnya mulai terkembang lebar, siap menyambut perkara-perkara terbaik yang disiapkan kehidupan baginya.

Masya Allah.

Andai kita bisa mengkhidmati perjalanan seorang anak manusia sejak baru dilahirkan, tentu kita tidak akan mudah goyah, apalagi merutuki kehidupan yang tengah kita jalani. Karena Allah tak mungkin berbuat zalim setitik pun pada hamba-Nya. Apalagi bermaksud mencelakakan atau membinasakan hamba-Nya. Bagaimana mungkin? Sedangkan kasih sayang Allah kepada hamba-Nya melebihi kasih sayang seorang ibu kepada bayi mungilnya.

Dia rela diprasangkai buruk oleh hamba-Nya yang tengah 'disapih'. Menanti dengan sabar hingga tangis itu reda. Hingga hamba-Nya mau membuka matanya untuk melihat kejutan indah yang Allah siapkan baginya. Dia tetap sabar menanti senyum itu terkembang lebar . Dia tetap sabar menanti hingga kaki ini cukup kokoh dalam berjalan menuju-Nya.

Hanya orang-orang yang telah melampaui badai kehidupan yang dapat merasakan manisnya sentuhan Allah. Setitik welas asih yang tumbuh di hati, bisa jadi merupakan sentuhan tangan Allah. Dan sekali jadi tangan Allah sudah menyentuh hati kita .. Maka semua jalan akan terbuka juga.

"Dan ingatkan juga kepada mereka, wahai Nabi Muhammad, 'Kembalilah kamu kepada Tuhanmu Yang Maha Pengasih lagi Maha Penyayang, dan berserah dirilah selalu kepada-Nya dengan tulus sepenuh hati, sebelum datang azab kepadamu, yang kemudian membuat kamu tidak dapat ditolong lagi."

Wallahu a'lam.

MANUSIA ITU MAKHLUK SENSORIK

Saat seorang bayi lahir, telinga kanannya dilantunkan azan, telinga kirinya iqamat. Ketika disusui, telinganya rapat ke tubuh ibu mendengarkan bunyi primordial yang menenangkan.

Sejak janin tumbuh dalam rahim ibu, memang indra pendengaranlah yang terbentuk pertama kali. Indra yang disiapkan untuk menerima kalimah Allah semenjak hari pertama lahir ke dunia.

Bahkan sejak zaman penciptaan di alam *alastu*, indra ini yang membuat jiwa-jiwa dapat memenuhi panggilan Allah. Mereka mendengar perkataan Allah, *'Alastu birrobikum?'* kemudian menjawab,*'Bala syahidna'*.

Tanpa mendengar, tak mungkin mereka dapat merespon.

Indra pendengaran merupakan alat sensorik yang paling peka yang memiliki pengaruh besar dalam tumbuh kembang seorang anak. Selain letaknya yang dekat dengan otak, indra ini memiliki cabang yang berhubungan langsung dengan hidung dan mulut. Telinga juga berhubungan dengan fungsi keseimbangan tubuh.

Manusia itu makhluk sensorik. Setiap detik indra kita merespon tiap rangsang yang masuk dari internal maupun lingkungan luar. Dari suara detak jantung, perubahan suhu, denging elektronik, cahaya lampu, orang lalu lalang, berbagai suara. Dalam satu detik, ribuan rangsang diterima oleh indra kita untuk kemudian diolah dan diintegrasikan. Secara 'otomatis' kita memilah mana rangsang yang kita beri prioritas untuk dimaknai. Inilah yang menggerakkan kita menjadi individu yang berkesadaran.

Fungsi sensorik tidak hanya terkait dengan urusan fisik, melainkan juga emosi.

Bayangkan jika kita *hypersensitive* terhadap bunyi, sulit fokus pada bunyi yang akan kita dengar. Akibatnya kita mudah terdistraksi. Makin banyak bunyi (ramai) makin melelahkan. Kita jadi mudah tersulut emosi negatif karena lelah. Mungkin jadi lebih mudah marah, menarik diri/menghindar atau tantrum bagi anak-anak. Masalah yang awalnya sensorik ini jika tak di atasi dan sering terjadi dapat menjelma karakter. Karakter yang dibentuk oleh emosi-emosi negatif. Kita mungkin tumbuh menjadi orang dewasa yang sensitif sekali dengan nada suara. Ketika mendengar suara rengekan anak, kita langsung tersulut. Mendengar nada tinggi sedikit langsung merasa putus asa.

Jika kita merasa mudah tersulut, jangan buru-buru merasa diri tidak sabaran atau gampang sewot, bisa jadi karena diawali oleh masalah sensorik pendengaran yang tak diatasi sejak awal. Sebaliknya, tanpa sadar kita pun kerap menggunakan nada suara untuk menunjukkan tensi emosi kita. Seperti saat memanggil anak. Awalnya lembut. Ketika anak tak bereaksi, kita makin meninggikan nada suara.

Baiknya, sebelum marah, kita melakukan perenungan: kenapa anak tak bereaksi? Kenapa anak enggan merespon panggilan orang tuanya?

Bisa jadi anak tak peka dengan suara kita karena memang tak terbiasa dilatih indra pendengarannya oleh suara orang tua yang dianggap dapat menenangkan. Suara orang tua dianggap 'gangguan' sehingga tidak mendapat prioritas untuk direspon.

Salah satu pendekatan menghadapi anak-anak yang 'kebal' oleh nada panggilan orang tuanya atau sebaliknya menghadapi anak *explosive—mudah meledak emosinya—* adalah melalui kegiatan sensorik pendengaran.

Bagaimana caranya?

Luangkan waktu secara rutin untuk melakukan kegiatan berbisik ke telinga anak. *Apa dong yang dibisikkan?* Yang baik tentu ucapan-ucapan penuh syukur yang bermakna bagi mereka tapi juga dialogis. Misalkan gantian membisikkan syair lagu yang menyenangkan: *I love you* (ibu), *you love me* (anak)... dan seterusnya. Bacaan Al-Qur'an juga boleh. Lanjut ngobrol dengan nada rendah yang bisa didengar oleh berdua saja.

Jangan lupa kontak mata bermakna yang lembut agar anak mengasosiasikan perkataan orang tua/ibu dengan suasana menyenangkan/kasih sayang.

Kapan saja kita dapat melakukannya? Bisa saat anak bangun tidur. Apalagi saat bangun kortisol—*hormon stres*— anak sedang tinggi, dia butuh ditenangkan. Bisa juga dilakukan sebelum tidur atau saat pulang sekolah.

Berapa lama? Tergantung kondisinya. Awalnya cukup lima menit dulu, makin lama bisa ditambah waktunya. Yang penting konsisten. *Dirutinkan.*

Percayalah, melalui kegiatan sensorik ini, anak jadi lebih mudah diajak kerjasama, lebih mudah merespon perkataan kita dan yang pasti mengembangkan koneksi yang kuat antara orang tua dan anak.

Yuk, mulai bermain bisik-bisik ke telinga anak.

Selamat berlatih sensorik.

BERSYUKUR

Orang bersyukur itu sudah pasti sabar. Tapi orang sabar belum tentu bersyukur. Ayat ini menjelaskan bagaimana kedudukan syukur melampaui tingkatan sabar.

Kebersyukuran ini akan terkait dengan konsep diri seseorang. Seseorang yang dapat mensyukuri apa yang ia miliki otomatis makin positif dalam memandang dirinya dan kehidupannya.

Nah persoalannya sekarang, apakah kita sudah membiasakan berinteraksi dengan anak yang diwarnai oleh rasa kebersyukuran ini?

Mengajarkan kebersyukuran BUKAN dengan dogma seperti 'Kamu harus bersyukur dengan apa yang kamu punya.' BUKAN juga dengan kalimat menyudutkan macam 'Kamu tuh mestinya bersyukur, jangan mengeluh, coba lihat orang lain ... blablabla'.

Mengekspresikan kebersyukuran dimulai dari bagaimana kita menikmati hal-hal kecil dalam rutinitas.

Misalnya saat hormon kortisol manusia sedang melonjak tajam pada pagi hari. Kondisi ini membuat manusia ada dalam keadaan 'siaga', siap untuk bergerak. Namun jika salah dalam membangun interaksi di pagi hari, efeknya justru dapat merangsang agresi atau sebaliknya apatis, menolak semua dorongan untuk bergerak.

Saat bertemu anak di pagi hari, ungkapkan rasa bahagia bisa menjumpainya lagi di pagi hari dalam keadaan sehat dan menyenangkan. 'Nak, lihat deh, warna langit kalau subuh bisa berwarna-warni seperti itu. Mirip seperti apa, ya? Kanvas hitam dikasih cat? Semburan api dari mulut naga? Efek prisma cahaya? Apa yang ada di balik langit itu?',

'Bangun pagi yuk kita lihat embun sebelum dihisap matahari yang selalu kepanasan', 'Mama suka deh, *liat* anak mama pas baru bangun tidur, pipinya jadi gembil dan *lembuuut kayak* bayi lagi', 'Alhamdulillah sudah bangun dengan segar, sehat, aman, ada sarapan lezat sama Mama, Papa dan Kakak Adek'.

Banyaaak yang bisa kita ungkapkan kepada anak.

Memang keterampilan mengekspresikan dalam kata-kata ini mesti didasari kosakata yang kaya juga.

Eits, jangan putus asa dulu! Kalau tidak bisa banyak berkata-kata, ekspresi muka kita yang berbinar-binar saat melihat anak bangun dari tidurnya saja sudah melampaui ribuan kata, lo!

Tidak cuma di rumah, di sekolah bapak ibu guru juga bisa mengungkapkan ini kepada anak-anak. Menyatakan rasa bahagia melihat anak-anak bersemangat dalam belajar, sehat semua, bergembira bertemu teman dan punya hobi yang seru kalau diceritakan. Ibu guru juga bisa berbagi pengalaman dengan menceritakan kisah masa kecilnya dulu. Anak-anak senang sekali dengan interaksi seperti ini. Kisah-kisah dari bu guru membuat murid dan guru saling *'connected'*, saling terhubung. Dan anak-anak senang sekali ketika dia merasa terhubung dengan orang-orang terdekatnya. Bukan hanya ada secara fisik, tapi juga mengisi ruang psikisnya.

Interaksi yang menghangatkan hati ini membuat kita semua merasa saling mengisi. tidak ada istilah *'emptiness'*, 'depresi', dan sebagainya.

Semakin cerdas anak, semakin banyak pertanyaan yang timbul. Kalau dia tak punya kesempatan membahasakan atau tidak mampu membahasakan, akibatnya terakumulasi dalam pikirannya membentuk asumsi-asumsi yang belum tentu tepat. Berapa banyak anak yang merasa dirinya tidak disayang, tidak merasa cukup perhatian, dan sebagainya, padahal ibunya merasa selalu ada disampingnya.

Inti masalahnya hanya di cara interaksinya saja. Pengasuhan adalah cara interaksi.

Jadi *'so yesterday bangetlah'* kalau masih ada orang tua yang bangunin anak di pagi hari dengan mencipratkan air/mengguyur anak dengan disertai ancaman 'Nanti kamu telat *dimarahin* guru', 'Besok tidak boleh ini dan itu', 'Mama tidak suka *liat* anak males dan tidak *nurut*', atau pagi-pagi sudah menginterogasi mengenai tugas-tugasnya.

Percayalah, saat anak merasa terhubung secara afeksi dengan orang tua/gurunya, kesadarannya juga makin meningkat. Ia akan menunaikan tugas sesuai yang diharapkan orang-orang yang dirasa dekat dihatinya.

Berinteraksi dalam kebersyukuran ini juga baik efeknya bagi diri orang tua sendiri. Saat kita berkata yang baik, tentu saja organ tubuh kita sendiri yang akan merasakan efeknya lebih dahulu. Kita tidak jadi tegang, lebih relaks, lebih sehat lahir dan batin.

Insya Allah.

Selamat mengasuh dengan hati bersyukur.

SAAT TIDUR

Tidur itu suatu petualangan menuju alam kematian. Kita tidak pernah tahu apakah jiwa seseorang yang melayang-layang saat tidur akan kembali ke jasadnya atau tidak. Kita tidak pernah bisa menduga apakah seseorang akan terbangun keesokan harinya atau tidak.

Untuk itu kita sebaiknya menyiapkan waktu tidur dengan baik. Termasuk melatih anak-anak agar terbiasa menyiapkan saat tidurnya dengan baik.

Saat mengantar anak-anak tidur. Bersihkan dirinya. Ganti pakaian. Dampingi dulu sebelum tidur. Bisa ngobrol dulu dengan obrolan yang menentramkan, bisa lanjut bacakan buku cerita. Bisa juga sekadar *'cuddling' ciumin* pipinya yang *gembil, dipelukin* sambil menatap matanya, elus-elus kepalanya, dahinya. Bisa juga sambil melakukan stimulus sensorik seperti pijit-pijit sebentar telapak kakinya dengan *esential oil* atau minyak telon.

Setelah itu, yang paling penting, bimbing anak untuk melakukan doa bersama. Nyaringkan suara, setidaknya suara doa terdengar oleh telinga kita dan anak. Doanya boleh apa saja. Mau bahasa Arab, Indonesia atau *mixed*.

Kalau saya, biasanya mulai dari bahasa Indonesia dulu. Doanya: "Ya Allah tolong jaga Yahya, lindungi Yahya, selamatkan Yahya dalam tidurnya. Ya Allah bimbing Yahya dalam istirahatnya agar esok bangun dengan segar, dengan senyuman. Penuh semangat dan diberikan inspirasi belajar. Tolong Yahya ya Allah. Berikan keberanian pada Yahya."

Setelah itu ditutup dengan membaca Alfatihah sama-sama dan doa tidur.

Kebiasaan ini tetap bisa dilakukan pada anak yang bahkan sudah tidur sendiri.

Kadang karena menganggap anak sudah cukup gede, sudah remaja, kita tak lagi mendampingi anak menjelang tidur. Padahal mereka tetap butuh pendampingan ini. Mengondisikan agar mereka berlatih tertib sebelum tidur dan tertib dalam menjaga pikiran agar senantiasa tersambung kepada sang pencipta.

Jika anak sudah diantar tidur dengan baik dan tertib. Insya Allah kita tidak perlu huru-hara membangunkan anak tiap subuh.

Malah biasanya mereka selalu bangun jam setengah tiga untuk mengingatkan kita untuk salat malam.

Masya Allah.

Semoga anak-anak kita pun demikian, ya.

Senantiasa terlindung dalam lelapnya, lahir dan batin.

Amiin ya Allah.

MENGHADAPI MUSIBAH

Bagaimana jika rumah yang sudah kita bangun dan tata dengan susah payah, keluarga yang kita rawat dengan segenap jatuh bangun, saudara-saudara yang sudah kita layani dengan segenap waktu, tenaga, dan biaya ... tiba-tiba direnggut begitu saja dari sisi kita dan diberikan pada orang lain? Si pendatang ini tinggal menikmati segala jerih payah kita. Si pendatang yang kemudian mendapat nama, si pendatang ini tinggal melanjutkan segala hal yang sudah kita bangun melalui airmata. Bagaimana perasaan kita?

Ya. Mungkin kurang lebih itulah yang dirasakan Azazil saat menerima perintah Allah tentang kehadiran Adam. Azazil yang telah ribuan tahun merawat bumi, menjadi saksi atas segala peristiwa penciptaan, dia yang diciptakan dari api, dia yang mampu menembus bumi, langit, menyelami samudera dan memiliki banyak pengetahuan, tiba-tiba harus menyerahkan 'tongkat kekuasaannya' kepada Adam. Makhluk yang baru saja terlahir, terbuat dari tanah dan tidak tahu apa-apa tentang penciptaan bumi, tiba-tiba disematkan tugas yang telah lama menjadi wilayah penguasaan Azazil.

Bagaimana Azazil tidak protes? Mengapa Tuhan tidak menciptakan saja dunia lain untuk tempat Adam? Tanpa perlu menggeser kedudukan Azazil sebagai penguasa bumi? Apalah sulitnya bagi Allah menciptakan butiran bumi lain di tengah kedigdayaan alam raya ini dan memberikan kepada Adam? Bukankah Allah Maha Kuasa? Tinggal *kun fayakun*, jadilah itu. Semua tenteram. Tak perlu ada huru-hara. Tak perlu ada kesumat Azazil yang mengganggu anak cucu Adam.

Rasanya tak masuk akal. Sulit dicerna keputusan Allah. Bahkan malaikat pun bertanya-tanya. Tapi begitulah. Takdir telah dituliskan, tinta telah kering, pena telah diangkat. Segala ketetapan Allah tak bisa diganggu gugat. Akibat pembangkangan itu, Azazil pun turun derajat menjadi iblis.

Dalam kehidupan, kita pun akan mengalami ujian seperti ini. Untuk menguji apakah dalam diri kita masih tersemat sifat seperti iblis? Yang merasa dirinya lebih digdaya, yang merasa lebih tahu, yang merasa lebih tinggi derajatnya, yang merasa posesif atas segala hal yang esensinya merupakan milik Allah. Apakah kita akan menjadi pembangkang saat seseorang mengambil milik kita?

Allah akan memberi peringatan melalui musibah kecil di keseharian kita.

Ketika anak sakit, ketika tertimpa bencana alam, ketika rumah kemalingan, ketika terjadi masalah rumah tangga, bahkan mengalami mimpi-mimpi buruk dalam tidur. Orang yang tanggap akan segera beristigfar sebanyak-banyaknya. Menggelar sajadah mohon ampunan dan perlindungan kepada Allah.

Meskipun kadang suatu takdir tak terhindarkan, setidaknya kita bermohon agar Allah jaga iman ini. Agar setiap kesakitan dalam hati ini menjadi pembuka pengetahuan baru untuk lebih mengenal Allah. Agar setiap luka ini menjadi jalan keluar cahaya. Cahaya hati yang selama ini tenggelam oleh timbunan lumpur hawa nafsu. Agar tak perlu lagi penghisaban kelak di alam akhir. Cukup di alam dunia ini saja. Semua dituntaskan. Sakit sejenak tapi semua akan berakhir segera. Ketimbang harus melebur dosa itu dalam api panas neraka abadi. *Naudzubillahi min dzaliik....*

Setiap kita memang mesti belajar untuk menumbuhkan sifat-sifat Allah, bukan sifat-sifat iblis. Takdir kita akan menunjukkan siapakah diri kita yang sebenarnya.

Selamat bertafakur.

KEGIATAN SENSORIK

Interaksi orang tua-anak zaman kekinian masya Allah tantangannya. Salah omong dikit jadi *toxic-parenting*. Niat mau memotivasi malah dibilang *toxic-positivity*. Banyak sekali distraksi lingkungan yang memengaruhi hubungan orang tua-anak. Baik dari luar maupun dari diri kita sendiri.

Seringkali kita sudah berusaha regulasi diri, tetap ada saja 'kecolongannya'. Kadang tidak sadar dalam interaksi *banyakan* instruksinya, interogasi, intimidasi dan kadang manipulasi. Sudah kadung refleks. Karena kita terbiasa dengan interaksi satu arah seperti ini, tidak terbiasa dua arah, dialogis. Akibatnya kalau tidak dialogis maka sulit sekali masing-masing pihak mendapat *insight* atau suatu pencerahan yang memperkuat suatu hubungan. Alih-alih meracuni hubungan tersebut.

Interaksi di mana kita dibesarkan dulu, kok rasanya kurang *fit-in* dengan kondisi kekinian. Perubahan lingkungan seperti: kemajuan teknologi, informasi, padatnya kegiatan sekolah, kemacetan lalu lintas, sempitnya lahan bermain, kompetisi, dan sebagainya, menuntut suatu pendekatan baru.

Salah satu kegiatan yang kurang terakomodasi saat ini adalah kegiatan sensorik. Kegiatan asah sensorik ini bukan sekadar agar anak bisa optimal belajar, melainkan terkait juga dengan kendali emosi. Karena kegiatan sensorik ini dapat memicu hormon-hormon menyenangkan yang memengaruhi *mood* dan emosi.

Sedikit tantangan dalam bermain kelompok dapat memicu hormon adrenalin. Pelukan dan sentuhan fisik dapat memicu hormon oksiktosin. Bersepeda atau olahraga ringan dapat memicu hormon endorfin.

Sensorik kira-kira dapat diterjemahkan sebagai respon tubuh ketika menerima rangsang dari lingkungan. Berbagai rangsang itu menimbulkan sensasi tertentu. Misalnya, kulit jadi merinding ketika diterpa angin dingin, mata terpicing saat melihat cahaya yang menyilaukan, telinga budek sesaat ketika ada di ketinggian. Sepertinya alamiah saja.

Sayangnya, dengan perubahan lingkungan saat ini, membuat anak-anak kita tidak optimal dalam mengenali berbagai ragam sensori dari sekitar. Akibatnya memengaruhi pertumbuhan otak, kemampuan memori dan fokus, kemampuan regulasi diri-fisik (motorik, keseimbangan, kesadaran ruang) dan emosi.

Sebetulnya kegiatan-kegiatan sensorik itu tidak harus menggunakan peralatan khusus. Justru lingkungan rumah merupakan lingkungan terbaik untuk mengembangkan kemampuan sensorik tersebut. Untuk bayi yang memang antusias belajarnya tinggi, secara alamiah mereka dengan sendirinya akan mencari apa saja benda di sekitar yang dapat dipegang, disentuh, dimasukkan mulut, diinjak, dan sebagainya.

Bagi anak yang lebih besar, usia SD, sudah bisa dilibatkan untuk turut serta dalam kegiatan di rumah. Bergiliran melakukan tugas di rumah. Misalnya: memeras pakaian basah, menyapu, memasak nasi, dan sebagainya.

Tapi sekali lagi, semua kegiatan sensorik akan jadi sia-sia jika kita hanya fokus pada tugas mereka. Kadang tidak sadar kita jadi *time-keeper* yang hanya memberi peringatan dan menginterogasi bagaimana ia menjalankan tugas. Otomatis anak merasa terintimidasi karena takut melakukan kesalahan. Akhirnya kegiatan sensorik menjadi horor.

Tuh, kan, jadi salah lagi ... emak lelah hayati.

Enaknya kalau lelah diapain, Mak? Dipijit, yes.

Nah, jangan salah. Pijatan (akupresur) itu juga kegiatan sensorik yang paling *uwuw*.

Kita juga bisa melakukan ini pada anak menjelang tidur. Setelah pertempuran keseharian yang tak terhindarkan: mengingatkan salat, makan sehat jangan *ngemil* chiki *aja*, negosiasi supaya tidak nonton *yutub*, rengekan tidak mau ikutan olimpiade *math, en so on, repeat old-song*, berakhir di kasur....

Saat menjelang tidur inilah kita bisa memijat kakinya, lengan dan sendi-sendi besar lainnya (istilahnya: proprioseptif), lanjut membalur perutnya dengan minyak kayu putih (taktil/sentuhan, olfaktori/penciuman), memberikan senyum terbaik dan tatapan sayang (visual/kontak mata), dan berikan doa terbaik yang kita lisankan *(auditory*/pendengaran). Boleh lanjut *baby-play* atau cium saja keningnya sambil genggam tangannya erat.

Kegiatan sesaaat yang menghabiskan waktu sekitar 30 menit ini, sudah mengakomodasi banyak sekali kegiatan sensorik. Dan yang pasti, makin mempererat rasa sayang. Membangkitkan sensasi menyenangkan, sehingga anak tidur dalam keadaan rileks dan memori terbaik. Hilang sudah huru-hara seharian.

Insya Allah.

Semoga bermanfaat.

MENJAWAB PERTANYAAN

Y : Mamih, kenapa diciptakan bahasa yang berbeda?

M : Hmm, biar tiap orang bisa bicara rahasia dengan orang yang paling ia percaya saja.

Y : Kenapa manusia itu ada rasa lapar, harus ngantuk, harus *pup?*

M : Agar orang punya waktu untuk minta bantuan pada orang lain. Pada saat ia lelah dia bisa minta tolong orang lain untuk mengerjakan. Saat manusia butuh makan, ia perlu orang yang menanam sayur, yang pelihara ternak, yang membuat piring, dan lainnya.

Y : Kenapa manusia itu dibuat bodoh dulu baru jadi pintar?

M : Agar manusia bisa diatur dan dilatih dulu kebiasaan baiknya. Kalau langsung pintar ia tidak akan mau mendengarkan perkataan orang lain yang punya pengalaman hidup lebih lama. Dia akan berbuat semaunya sendiri saja.

Y : Kenapa bayi manusia itu dibuat lemah dulu, tidak langsung bisa jalan dan kuat seperti bayi hewan?

M : Supaya ibunya bisa belajar mencintai anaknya. Dipeluk dulu, digendong sampai tumbuh sayangnya. Kalau anaknya langsung bisa jalan, nanti langsung kabur aja anaknya. Belum sempat kenal siapa bapak ibunya.

Y : Hmm masuk akal sih jawaban-jawaban Mamih.

Ealah, ini anak lagi ngetes atau apa, sik?

Masuk akal. Tentu saja bagi usianya saat ini. Mamih hanya memberikan jawaban yang bisa 'dikunyah' oleh usianya saat ini. Besok-besok kalau udah SMA kita bisa diskusi dengan perspektif yang beda lagi. Kalau sudah lulus kulliah, kita ngobrol lagi yang lebih dalam. Bisa jadi masih tentang pertanyaan yang sama.

PERLUKAH MENGHUKUM ANAK?

Perlu tidak sih, menghukum anak?

Buibu di sini, adakah yang belum pernah menghukum anaknya? Biasanya pada kapan kita menghukum anak? Dan untuk urgensi apa?

Jika kita berdalih hukuman diberikan sebagai suatu konsekuensi dari perilakunya, sebetulnya kurang tepat. Karena secara alamiah, ketika anak melakukan suatu hal yang tidak tepat pasti dia akan dapat konsekuensinya secara langsung. Misalnya. Malas belajar, nilai jadi jelek. Tidak membereskan kamar, jadi sulit cari barang dan kotor. Tidak makan pasti lapar. Telat sekolah tidak bisa masuk kelas. Dan seterusnya.

Saya tentu paham sekali, hukuman itu diberikan sebagai sarana pembelajaran untuk mengendalikan perilaku anak. Agar dia tahu mana yang baik dan buruk.

Tapi coba kita sama-sama *review* diri sendiri. Apakah sebelum menghukum anak, kita sudah melatih anak agar ia terhindar dari kesalahan? Apakah kita sudah mencari tahu kenapa anak kalau dipanggil mesti berulang-ulang? Kenapa anak menolak makanan yang disiapkan? Kenapa anak tidak ikutin *rules* yang sudah kita sampaikan? Apakah kita sudah mencari cara-cara yang lebih pas untuk mengatasi masalah tersebut? Misalnya, sudah tahu kalau anak ditanya tentang pe-er tiap pulang sekolah dia malah uring-uringan, masih saja kita mengulangi hal tersebut. Atau, orang tuanya jadi ngambek, tidak mau menyapa anak lagi. Waduh semoga tidak, ya? Anak uring-uringan kalau ditanya soal sekolah, bisa banyak penyebabnya. Ya, kalau udah tahu anak uring-uringan, cara *reminder*-nya yang mesti diubah. Atau bikin dia nyaman dulu dengan memberi banyak afeksi, membicarakan hobi/kegiatan yang dia sukai. Menahan diri untuk tidak balas menceramahi/ mengkoreksi saat dia lagi mengekspresikan emosi negatifnya. Mungkin telinga kita juga panas saat dia mencaci orang lain. Tapi sepanjang anak tidak melakukannya secara frontal di depan orang yang bersangkutan, tunggu saja sampai dia mengeluarkan apa yang membebani perasaannya. Anak sedang belajar *release* emosi, bagaimana cara mengekspresikan, bagaimana meregulasi agar tidak memengaruhi konsep dirinya sekaligus *support* agar dia bisa melihat dengan perspektif lain jika memang ada yang dia butuhkan. Misalnya, bicara dengan guru mengenai temannya yang melakukan *bully*.

Kita memang seringkali terjebak untuk mengulang-ulang perilaku yang sama dalam merespon anak, meski kita tahu cara itu malah bikin kita *spanneng* atau anak jadi *blocking* emosi. Misalnya, sudah tahu anak tidak pernah mempan kalau *diteriakin*, masih saja kita ulang meneriakinya itu besoknya, besoknya lagi, dan seterusnya. Kemudian kita menyimpulkan: anak tidak *nurut*, susah diatur, dibilangin lembut tidak bisa mesti dengan cara keras *a.k.a diteriakin*, dan seterusnya.

Aiiih ... sedih sekali, ya. Tanpa sadar kita sudah mengondisikan konsep diri negatif pada anak.

Selain itu, yang perlu kita *review* juga seberapa urgensikah sampai kita perlu memberikan suatu hukuman pada anak? Kalaupun memberikan hukuman tersebut, apakah anak paham kenapa ia perlu memperoleh hukuman tersebut? Lalu apakah hukuman itu ada aspek edukasinya yang membawa pada perbaikan dirinya?

Yang dimaksud aspek edukasi itu bukan berarti menghukum anak dengan menyuruhnya menulis kalimat

'Saya anak rajin dan tidak akan telat lagi' sebanyak-banyaknya. Apa coba relevansinya? Telat dan *nulis.*

Contoh lain dari hukuman yang tidak relevan, anak yang suka telat datang sekolah, lalu guru menghukum dengan suruh *push-up,* atau dengan mempermalukan dia disetrap depan kelas, atau mengintimidasi dengan ancaman tidak boleh ujian, atau tidak boleh ikut tim basket kegemarannya. *Tidak ada hubungannya sama sekali, Buibu.*

Anak ini punya masalah *management* waktu. Perlu bantuan dari orang dewasa untuk mengatur ritme kesehariannya. Apalagi kalau anak baru masuk masa pubertas, perubahan hormon juga berpengaruh pada kelelahan fisik.

Nah. Kalau orang tua menerima peringatan atas sebab masalah perilaku anak, jangan menambah ancaman lagi di rumah. Sudah di sekolah dia diancam, di rumah juga sama saja. Nanti sama siapa lagi dia minta tolong?

Ancaman dan hukuman mungkin bisa mengendalikan perubahan perilaku dengan cepat, tapi hanya sesaat. Begitu dia di luar kendali kita, tidak dijamin perilaku itu akan bertahan.

Ini berlaku untuk semua masalah kedisiplinan. Yang perlu diperhatikan kaidahnya adalah, sebelum kita sibuk menghukum anak atas nama kedisplinan, coba cari tahu masalah yang ada pada anak.

Mungkin ada masalah motivasi, masalah kesulitan belajar, masalah interaksi, atau masalah psikis.

Selain mencari penyebab, menemukan cara *reminder* untuk komunikasi yang pas, kemudian urgensi dan relevansinya untuk perbaikan anak.

Kita juga harus *save-energy* diri kita sendiri agar tak semua hal terlihat jadi masalah. Tidak semua hal mesti dikoreksi dan dikonfrontir. Apalagi sampai *over-thinking*, mengganggap perilaku anak itu terjadi karena orang tua hilang wibawa, anak melawan....

Intinya, mengganggap anak sebagai penyebab masalah.

Ada anak-anak yang sulit menerima instruksi, sulit diajak bicara, karena memang tak terlatih dengan suasana dialogis dalam rumah. Verbalnya tidak terlatih. Kosakata terbatas. Belum lagi berjarak secara psikis dengan orang tua. Kita pun mesti menggunakan cara bicara yang variatif, tidak selalu dengan gaya yang *powerful*. Bisa saja dengan cara bicara *plesetan* yang humoris. Tiap orang suka kalau *didengerin,* apalagi saat anak *ngobrolin* minatnya, termasuk mendengarkan cita-citanya yang bagi kita terasa absurd. Kita pun kudu berusaha menahan diri agar tidak buru-buru mengkoreksi atau pun memberi keterangan definitif yang tidak sesuai usia.

Urgensinya adalah bagaimana agar obrolan itu bisa mengalir, dialogis.

Kemudian sentuhan fisik apa yang biasa kita lakukan pada anak? Ya kita tidak bisa *ujug-ujug* minta *pijitin* anak kalau dia tidak pernah lihat/merasakan pijatan dari orang tuanya.

Jangan sampai anak menganggap ibunya hanya sebagai orang yang siap menghukum, karena kita bukan *sailormoon* yang akan menghukum.

Termasuk masalah makan. Coba, deh, *review* diri kita dulu. Apa, sih, yang kita khawatirkan? Takut anak kurang gizi terus jadi bego? Apa yang ibu rasakan? Apakah merasa anak tidak menghargai kita? Kayaknya *over thinking* ini. Atau, jangan-jangan ibu sebetulnya lagi ada masalah lain, sehingga saat anak menentang kita langsung meledak?

Lebih penting mana, sih: *fisik anak atau psikis?*

Saya juga berjibaku dengan anak untuk mengenalkan makanan sehat. Ini kesempatan melatih kemampuan untuk mempersuasi. Gunakan kalimat retoris, negosiasi. Kalau kita ingin anak bilang iya dan *okay*, kita juga harus sering bersikap demikian.

"Bu, aku tidak mau daging. Aku mau vegan."

"Okay, nak. Hebat, ih ... hidup sehat. Pemain bola pada vegan juga ya? Tapi bisa tetap kuat ya nendang bolanya?"

"Cuma satu orang sih pemain bola yang vegan, Bu."

"Wah dia vegan sejak kecil atau pas dewasa, ya? Kok bisa tinggi meski cuma makan sayur-sayuran?"

"Dia vegannya pas udah dewasa aja, Bu."

"Oh gitu. *I see.*"

"Kalau gitu, aku mau makan daging seminggu dua kali, deh, Bu."

"*Okay*, Nak. Ide bagus."

Selesai. *Win win solution.*

Pengalaman pribadi itu, *mah.*

Tapi sekali lagi, untuk bisa dialogis seperti ini banyak pengondisian yang harus kita lakukan sehari-hari.

Kalau kita terlaku fokus pada masalah, jadinya goal kita hanya ingin menyingkirkan masalah itu secepatnya. Lupa bahwa masalah itu muncul sebagai sinyal ada yang kurang terakomodasi dalam interaksi kita dengan anak.

Nah mumpung PJJ, anak-anak ada di depan mata kita, kita *review* lagi interaksi kita, Buibu.

Nikmati berkah PJJ bagi pengasuhan.

SIBLING

Saat membicarakan pengasuhan, sering muncul pertanyaan: *Gimana* kalau anak saya banyak? Masa saya harus men-*treatment* mereka secara individual? Habis dong waktu saya untuk mengasuh. Kapan saya sempat belajar dan bekerja?

Tahukah Ibu bahwa interaksi antar saudara kandung (*sibling*) lebih banyak 33 persen dibanding interaksi antara orang tua pada anaknya?

Penelitian ini menunjukkan justru interaksi terbesar itu secara alamiah terjadi antar *sibling* ketimbang orang tua pada anak. Dengan kata lain, ketika kita men-*treatment* satu anak dengan tepat, dia akan mewarnai saudara yang lain sesuai gaya pengasuhan yang kita berikan. Dia akan merefleksikan gaya pengasuhan kita kepada saudaranya yang lain.

Bahkan ada penelitian bahwa peran anak sulung itu lebih mendominasi dan lebih memengaruhi adik-adiknya ketimbang orang tua kepada anaknya, meski kenyataannya yang *powerful* tidak selalu anak sulung. Bisa jadi si anak tengah. Namun secara alamiah anak sulung mewarisi bakat kepemimpinan tersebut.

Mungkin kesannya kita pilih kasih. *Oh, bukan itu maksudnya*. Anak-anak kan lahirnya bertahap, tidak semua lahir dalam satu waktu. Temperamen mereka juga berbeda. Ada yang mudah, ada yang sulit *dibilangin*.

Kita bisa meminta anak yang paling kooperatif untuk bantu menjembatani saudaranya yang lain. Untuk menjadi tangan kanan orang tua.

Memanfaatkan peran *sibling* merupakan salah satu strategi dan insya Allah bisa dilakukan, selama kita bisa efektif mengoptimalkan peran *pre-frontal* itu tadi. Orang tua jadi belajar mengorganisasi, mendelegasi, memprioritaskan dan mensiasati situasi dalam keluarga.

Jadi jangan buru-buru merasa pengasuhan itu sulit diaplikasi pada keluarga beranak banyak. Pengasuhan menjadi sulit jika kita hanya terpaku pada insting, intuisi semata. Insting, intuisi tentu ada porsinya juga. Ada saatnya intuisi berperan, tapi jangan menjadi dominan. Lambat laun dibutuhkan peran berpikir yang lebih tinggi dalam berinteraksi dengan anak, seperti mengatur barisan pasukan kecil di rumah.

Sekali lagi, kalau kita rajin me-*review,* maka kita akan mendapatkan banyak *insight.* Detil-detil aplikasinya tentu akan unik pada setiap keluarga.

Kelak catatan ini akan bermanfaat. Bukan hanya mengenal masa-masa perjuangan mengasuh anak-anak saat masih kecil, juga bisa bermanfaat untuk dibagikan pada pasangan yang baru membangun keluarga.

Insya Allah.

MEMBANGUN KONEKSI DENGAN ANAK

Dua atau tiga dekade lalu merupakan zamannya anak-anak dimanjakan alam dan tetangga. Meski lahir di Jakarta, saya masih *ngalamin* persaudaraan dengan tetangga bagai kepompong. Tetangga yang kadang lebih posesif ketimbang orang tua sendiri.

Tidak bisa dipungkiri. Zaman berubah. Peta otak anak-anak kita juga berevolusi. Mereka terlahir membawa kemampuan bawaan digital. Makin banyaknya masalah-masalah *neuro-developmental* yang ditandai kesulitan dalam interaksi, masalah verbal, kendala dalam berbagai aspek perkembangan, mulai tinggi grafiknya. Belum lagi masalah psikis, terkait relasi antara orang tua dan anak, suami istri bahkan lingkungan bernegara ... mulai bermunculan. Pengetahuan makin tinggi, informasi makin banyak, masalah makin subur juga.

Fenomena ini mau tidak mau menuntut perubahan dalam pendekatan kita dengan orang-orang di sekitar.

Gaya pengasuhan juga mengikuti karakter anak-anak ini.

Kalau dulu masih bisa menggunakan gaya pendekatan yang sifatnya instruktif, orang tua juga leluasa menggunakan *power* untuk mengendalikan bahkan mengintimidasi anak-anaknya, membohongi/mengiming-iming anak agar anak tidak rewel jamak dilakukan. Demikian pula kekerasan fisik.

Sekarang? Coba saja lakukan itu. Dijamin konflik makin memuncak. Relasi toksik memicu dendam. Konsep diri terganggu dan sering kali bermanifestasi pada masalah-masalah psikis yang merusak kepribadian seseorang.

Pasti ada saja masalah-masalah dalam komunikasi karena komunikasi selalu berkenaan dengan norma dan tata nilai orang tua. *Kebayang* dramanya kalau anak bercita-cita jadi *gamer*, jadi *yutuber* yang kontennya asal mendulang *likes/subscriber*, artis tiktok....

Untuk meminimalisir kesalahpahaman dalam komunikasi; banyak-banyak interaksi fisik. Saya pun masih suka membalur minyak kayu putih ke kaki anak menjelang dia tidur. Membaca doa bersama. Kadang-kadang membacakan buku atau ngobrol sebentar.

Kegiatan tersebut merupakan bagian dari membangun koneksi dengan anak. Ibarat ponsel, kalau koneksi sinyal bagus, baru bisa ngobrol dengan enak. Bayangkan kalau koneksi kacau, tidak akan nyaman ngobrol. Alih-alih jadi salah paham dan emosi.

Urgensinya adalah pada membangun koneksi. Segala hal kita coba bagaimana agar bisa meraih hatinya. Memperbesar ruang toleransi dan menahan diri dari mengoreksi anak secara terburu-buru.

Beri jeda dulu. Amati diri apakah yang membuat kita paling terpicu emosi? Apakah didorong oleh rasa cemas kita sendiri? Pelampiasan emosi? Atau ada hal lain?

Anak yang kooperatif merupakan salah satu bukti terbangunnya koneksi. Demikian sebaliknya.

Tema kita adalah: (melakukan) koneksi dulu baru koreksi. *Nyambung* dulu frekuensinya baru bisa menanamkan nilai dan harapan.

Jadi jangan buru-buru *baper* kalau merasa relasi dengan anak tak semulus seperti saat kita dibesarkan dulu. Jangan buru-buru mengklaim diri bukan ibu yang baik

Salah itu hal biasa karena tindakan kita cenderung mencerminkan apa yang kita serap seumur hidup. Bisa jadi bukan merupakan diri kita yang sebenarnya, banyak pengaruh lingkungan yang terlanjur melekat. Kita berusaha melepaskan aspek lain yang 'bukan diri saya yang asli' dan mengembalikan diri asli sesuai kehendak Tuhan.

Yang terpenting selalu tumbuh semangat belajar untuk terus memperbaiki diri.

Insya Allah.

ANAK SAYA

Anak saya, meski sudah dikasih jadwal nonton tv tiap *weekend,* tetap saja hampir tiap hari gigih minta kesempatan nonton. Alasannya macam-macam: bisa karena hujan jadi tidak bisa main keluar, teman-temannya—*yang beda sekolah*—masih pada ujian, pas harinya tayang film *Dudung*, dan sebagainya.

Biasanya dia berusaha merayu dengan bilang mau melakukan apapun yang saya minta, sebagai syarat boleh nonton. Misalnya: membaca nyaring dulu, nulis, menggambar, membereskan pakaian ke lemari, jalan kaki keliling kompleks, bahkan *mijitin* saya.

Dia tahu ibunya mudah luluh. Izin nonton 30 menit akhirnya keluar juga. Tapi kalaupun keinginan nontonnya ditolak, dia tidak bakal marah. Apalagi hari Senin seperti sekarang, hari setelah *weekend* di mana selama dua hari kemarin dia sudah puas nonton tv dan main ps/gadget. Dia perlu waktu kalibrasi. *Detoks.*

Sebagai gantinya, saya kasih ide kegiatan atau justru saya *temanin* main *dogdeNdare bikinan* dia sendiri, atau *nemenin* main dengan anak kucing. Sambil main bersama, kadang dia sedikit menggerutu, membandingkan dirinya dengan temannya yang leluasa nonton.

Saya tahu dia mengerti kenapa saya menolak permintaannya. Meski demikian, tetap saja hatinya butuh penghiburan. Bukankah dia nonton karena ingin terhibur?

Inilah tanda kalau saya perlu meyakinkan dirinya bahwa saat saya tidak mengabulkan keinginannya bukan berarti saya menolak dirinya. Bahwa yang ibu lakukan ini justru dalam rangka merawat dirinya, bagian dari ekspresi kasih sayang. Dia harus tahu itu. Karena kadang ekspresi kita saat menolaknya jauh dari kata manis.

Maka saya perlu menyisihkan waktu untuk berempati padanya dan menghibur hatinya dari perasaan tertolak. Kadang tidak selalu bisa saya lakukan pada saat itu juga. Tapi saya memastikan sebelum dia berangkat tidur malam hari, saya harus punya waktu untuknya. Agar dia mengerti bahwa pengaturan yang diterapkan untuknya merupakan bagian dari kasih sayang kita. Sama sekali bukan maksud ibu untuk menyakiti hatinya.

Deepest in my bottom-heart. Inginnya saya langsung mengabulkan keinginannya. Terus terang, saya *sangaaat* menikmati momen tersebut. Momen ketika saya bilang: ya. Saat wajahnya meluap semringah bukan kepalang. Anak yang ekspresif ini kadang langsung meluk sambil bilang 'Makasiiih Mamiiih!' sambil ditambah cium pipi. Lalu berseru nyaring 'Yaaaiy!' dan bersegera mengerjakan tugas-tugasnya sebagai syarat sebelum nonton.

Saat seperti ini jadi memicu refleksi diri saya juga. Bagaimana Tuhan pun merawat hamba-Nya serupa cara orang tua merawat anaknya.

Kadang kala Tuhan menahan suatu pengabulan, menahan kita dalam kondisi tertentu sebagai bagian dari ekspresi kasih sayang-Nya yang—*sayangnya*—bertentangan dengan keinginan syahwat dan nafsu kita.

Penahanan yang Dia lakukan demi menjaga kita dari kerusakan, maka kita ditempa dalam kondisi yang berat. Diberi situasi yang menguatkan rasa sabar. Diberi kesakitan dan kesempitan agar kita balik menghadap kepada-Nya.

Tuhan pasti ingin hamba-Nya bahagia. Sama seperti ibu yang ingin melihat wajah semringah buah hatinya.

Tapi ada waktu yang tepat untuk itu. Agar bahagia itu tak merusakmu. *Kapan?* Allah yang lebih tahu.

Jadi, kalau kita merasa Allah belum mengabulkan apa yang diminta, bisa jadi karena dua hal: Allah menahan waktunya agar kita meraih kemuliaan sabar, atau, Allah beri pengabulan dalam bentuk yang lain.

Sama halnya seperti saat saya mendampingi anak sebagai ganti tidak dikabulkan nonton tv di luar jadwalnya.

Demikian juga 'penahanan' itu justru merupakaan saat Allah menghadirkan diri-Nya di sisi kita. Yang membuat lisan kita ringan menyebut nama-Nya, hati kita cenderung pada kebaikan, digenggam erat melalui nikmat pengaturan agar terjaga hati, niat dan lingkungan di sekitar kita.

Maka, yakinlah, tidak terkabulnya keinginan kita bukan berarti kita tertolak. Justru itu merupakan bentuk penyambutan-Nya. Kehidupan yang membuat *shadr* ini 'remuk' adalah semata agar cahaya-Nya bisa menembus kedalam hatimu.

Insya Allah.

SAPUTANGAN

Pulang dari kantor, ibu saya menyodorkan sehelai saputangan.

I : Kakak, ini sepertinya saputangan Kakak, deh.

S : Waaaah, iya *bener*. Ini saputangan Kakak yang *udah* hilang empat hari lalu. Ketemu di mana?

I : Karyawan kantor yang *ngambil*. Dia lihat ada saputangan jatuh di jalanan. Saputangan orang kota, pikirnya, karena di daerah sini belum ada yang jual saputangan begitu. Terus dia langsung inget kakak, kan, beberapa hari lalu ke kantor Mama. Jadi saputangan ini langsung dikasih ke Mama.

Waktu itu saya masih SMP, masih *ngehits* di zaman itu mengoleksi saputangan bergambar lucu-lucu dari *brand* tertentu.

Saya tidak menyangka saputangan yang sudah berhari-hari hilang bisa kembali, apalagi jatuhnya di jalanan. Beberapa waktu ke depan, saputangan itu awet tersimpan hingga kemudian saya harus membuangnya bersama barang-barang lainnya.

Ketika mau membuang saputangan itu ada sedikit rasa enggan karena ada kenangan yang terikat di dalamnya. Masih segar dalam ingatan saat membeli saputangan itu, juga saat saputangan itu hilang dan ditemukan. Saputangan yang mengusap airmata saat saya berpisah dari kota kelahiran menuju daerah-daerah baru, mengikuti tugas ayah/ibu saya.

Anehnya, meski ada sedikit rasa enggan berpisah dengan saputangan kesayangan tapi rasa kehilangannya tidak sedahsyat ketika saputangan itu sempat hilang dulu.

Ternyata, ketika saya 'menyerahkan' saputangan itu dengan sadar, rasa kehilangan itu tidak terlalu besar. Tidak ada rasa sakit di hati.

Saya menyikapinya sama naturalnya seperti uap kopi yang menghilang di udara. *Nature*-nya kehidupan.

Datang dan pergi.

Semua ada waktunya.

Lain sekali dengan perasaan ketika saputangan itu hilang tiba-tiba. Ada rasa yang terampas secara paksa. Rasanya menyakitkan sekali.

Saya tidak suka cara begitu.

Jika kamu mau pergi, sikapi sebagaimana dulu kamu mendatangiku.

- (cuplikan dialog sinetron ikan terbang)

Ya. Begitulah yang saya rasakan dalam urusan saputangan ini.

Mungkin kalau dikhidmati dalam muamalah atau interaksi dengan orang lain, kaidah etika seperti ini pun masih dibutuhkan.

Kita mau melepas saputangan saja perlu kesadaran tertentu, kok, agar bisa menata hati. Apalagi urusan lain yang lebih besar dan menyangkut (hati) manusia.

Tidak bisa asal koar-koar, 'Ya, salah sendiri. Saputangan itu kan hilang akibat kelalaianmu', 'Kamu yang tidak bisa merawat dengan baik', '*Udah* hilang baru *nyesel*'.

(kruwes jangan, mulutnya?)

Perjalanan hidup manusia memang tidak lepas dari rasa, karena Allah pun bersikap demikian. Rasa apa yang kita bawa saat berdoa kepada-Nya, Dia tak akan menyia-nyiakannya.

Memang sulit menjaga rasa orang agar tegar menerima kenyataan. Tapi bukan berarti kita menyikapi perasaan orang lain dengan sembrono dan petantang-petenteng, apalagi mengatakan, 'Ya, itu kan, masalah hati lu sendiri. Enggak ada urusan sama gue.' *(kruwes part 2)*

Semoga kita semua bisa menyikapi segala urusan dengan baik, karena Allah pun Maha Teliti dalam mengemas sebuah takdir. Kalau tidak disikapi dengan benar, tidak akan ada keberkahan di dalamnya.

Wallahu a'lam.

Maafkan mamih ngecapruk siang-siang.
Semoga ada manfaatnya.

ILMU KEBAL EMOSI

Salah satu ilmu kekebalan emosi yang harus dikuasai emak-emak adalah berusaha mencairkan suasana supaya tidak merusak hari.

Salah satunya momen ketika anak dinasihati dan dia sebetulnya sudah tahu alasannya, malah balik nanya: '*Emang* kenapa?' (intonasi meninggi di akhir).

Emak: Menurut Yahya kenapa alasannya Mamih *nyuruh* begini?

Yahya: Tidak *tau*

Emak: *Because... I Love Youuu!*

Dan suasana kembali mencair.

Di lain waktu.

Yahya: Mamih kalau nyanyi suaranya merdu, lo.

Emak: (lagi nyanyi *ngikutin* yutub) Masa siiih? *(blushing)*

Terus, kenapa dong, kalau mau bobo Yahya tidak mau mamih *nyanyiin*, malah maunya *dibacain* buku cerita *aja?*

Yahya: Ya, soalnya kan, merdu itu artinya suara Mamih MERusak DUnia. (*sambil ngeloyor keluar kamar*).

Mamih: *Plop!* (suara gumpalan lemak *ndlosor* ke lantai).

KONSEP WAKTU

Ada masanya anak saya selalu kabur terbirit-birit tiap kali saya pegang Al-Qur'an. *Apa pasal?* Sebab di kejadian sebelumnya, dia selalu tertidur pulas kalau *dengerin* saya *ngaji*. Saking dia ogah mendengar kata 'tidur', jadilah dia selalu menjauh kalau saya mulai mengaji.

Lain waktu, selepas saya salat Magrib, anak ini menjerit: Mamiiih... ini kenapa mata Yahyaaa?

Saya : Kenapa matanya, nak? (sambil *degdegplas*).

Yahya: Mata Yahya kenapa *nutup-nutup* terus? Susah dibuka?

Saya : Oh, itu tandanya Yahya ngantuk, Nak. Yuk, kita bobok.

Yahya: Huaaaa! Yahya tidak mau bobo! Yahya tidak mau bobo! Huaaaa! Yahya tidak mau bo ...zzz.

Bagi anak-anak, tidur jadi kegiatan yang lumayan horor. Mereka takut keasyikan mereka bereksplorasi terhenti saat tidur. Mereka tidak bisa membayangkan bahwa setelah tidur, nanti bisa bangun lagi dan main.

Sepertinya ini menunjukkan pikiran mereka yang sederhana, belum mampu mengabstraksikan konsep waktu 'sekarang', 'besok', 'nanti'. Cara pikir mereka masih '*here and now*'.

Maka kenapa mereka seolah menikmati sekali kegiatan mereka saat melek itu. Semua diamati, semua disentuh, semua ditanya. Semua hal bisa jadi eksperimen buat anak. Dan saat tidur, adalah saat berpisah dengan semua keasyikan itu.

Tapi di sisi lain, pikiran kanak-kanak menunjukkan masih lekatnya aspek *ruhaniyah* pada dirinya. Ya, siapa yang bisa menjamin bahwa esok pagi kita akan bangun lagi? Siapa bisa menjamin bahwa ini bukan malam terakhir kita?

Yang waktu itu belum saya sadari saat anak saya masih kecil, adalah mempersiapkan waktu tidurnya. Ini beda sekali dengan mempersiapkan waktu bangun di pagi hari. Pada malam sebelumnya, saya sudah memikirkan anak sarapan apa, mau diajak ke mana, apa yang perlu disiapkan pada seharian itu, dan seterusnya.

Sedangkan saat tidur? Ya *nunggu sengantuknya aja.*

Padahal kegiatan pagi hari tergantung pengondisian pada malam hari. Anak kurang tidur dijamin *rungsing*. Anak yang stres menjelang tidur—*diancem* 'Kalau belum tidur besok tidak boleh nonton', ditakut-takuti 'Nanti telat bangun, disetrap di sekolah, lo', dan berbagai bentuk intimidasi lainnya, sampai 'Nak, bobolaaah, *kasian* dong, dengan Mama. Mama capek' saking tidak berdayanya—dijamin susah dibangunkan pagi hari. Pikirannya sudah terbebani dengan ancaman yang kita cekoki menjelang dia tidur.

Saat menjelang tidur juga merupakan masa di mana kita bisa mereduksi semua kealpaan saat interaksi di keseharian. Mungkin kita tidak sadar *banyakan* ngomelnya, bicara dengan intonasi mendesak, kontak mata yang tidak 'ramah anak'.

Nah, waktu menjelang tidur inilah saat kita untuk mendekapnya kembali. Tidak selalu kontak fisik. Kalau anak risih dipeluk, bisa melalui tatapan yang lembut, suara yang menenangkan. Lupakan besok. Nikmati kebersamaan di malam hari menjelang tidur. Berpikirlah seperti cara mereka yang *'here and now'*.

Lisankan doa yang khusus yang mereka dengar di telinga sebagaimana kita berbisik di telinganya saat pertama menyambutnya di dunia.

Atau, bacakan doa yang diajarkan Rasulullah.

Allaahumma aslamtu nafsii ilaika, wa qawwadhtu amrii ilaika, wa wajjahtu wajhii ilaika, wa alja'tu ilaika, raghbatan wa rahbatan ilaika, laa maljaa'a wa laa manjaa minka illaa ilaika, aamantu bi-kitaabikalladzii anzalta wa bi-nabiikalladzii arsalta.

(Yaa Allah, aku menyerahkan diriku kepada-Mu dan aku menyerahkan urusanku kepada-Mu, aku menghadapkan wajahku kepada-Mu dan aku merebahkan punggungku kepada-Mu. Karena aku senang dan takut kepada-Mu. Tidak ada tempat perlindungan dari-Mu dan tidak ada tempat keselamatan kecuali kepada-Mu. Aku beriman pada Kitab yang telah Engkau turunkan dan kepada Nabi-Mu yang telah Engkau utus).

Rasulullah SAW bersabda, bagi orang yang membacanya menjelang tidur: "Jika engkau meninggal, engkau meninggal dalam keadaan fitrah."

- HR. Bukhari, Fathul Baari: 11/113, Muslim: 4/2081 -

Semoga bermanfaat.

PEREMPUAN SULUNG

Berapa banyak anak sulung yang kutemukan pundaknya membungkuk atau sebaliknya melengkung ke belakang. Tak jarang yang mengeluh pundaknya sering pegal. Atau, merasa tidak seimbang kanan dan kirinya. Mengidap skoliosis dan sejenisnya. Seolah menandakan ia tengah menanggung beban berat di pundaknya.

Perempuan sulung kebanyakan terlahir berwatak sensitif. *Perasa.* Meski tampilannya kadang gahar, sekadar upaya untuk membentengi hatinya yang rapuh.

Ya. Dia bisa dengan mudah larut jika ada orang yang datang kepadanya untuk berbagi beban. Dia mudah luluh oleh kata-kata yang sebetulnya hanya jerat untuk memerangkap hati dan perhatiannya.

Stigma sulung adalah teladan. Sulung adalah perantara orang tua dengan *sibling*-nya. Sulung harus bisa diandalkan. Sulung adalah pengganti ibu, melatih dirinya untuk selalu bertanggung jawab terhadap apapun yang terjadi di sekitarnya.

Tak jarang, si putri sulung mengidap 'kompleks-ibu'. Ia mengambil alih semua tugas ibu: merawat, memaafkan, mengalah, selalu siap menerimamu kembali....

Dia bahkan tidak tahu apa kebutuhannya sendiri. Yang dia tahu hanya kebutuhan orang lain. Apa yang bisa dia lakukan untuk orang lain. Tanpa sadar dirinya memancing datangnya pria-pria yang hanya ingin memanfaatkan dirinya saja.

Dan, ketika sekalinya perempuan sulung memunculkan dirinya sesuai apa yang dia butuhkan, orang di sekitarnya menjadi gusar. Konflik tak terhindarkan.

Padahal kamu hanya ingin menjadi dirimu sendiri. Sekali saja.

Tapi orang di sekitar sudah nyaman diperlakukan oleh 'keibuanmu' yang justru membuatmu lupa akan diri sejatimu.

Maka, seperti dalam mitologi, asal muasal kompleks ibu ketika Psyche melakukan semua tugas yang dibebankan oleh Afrodit, Psyche nyaris hancur hingga kemudian dia menyelam. Menyelam ke dasar hatinya dan menemukan diri sejatinya di sana. Di saat itulah ia bisa bangkit kembali tanpa dibayang-bayangi oleh 'kompleks ibu'.

Maka renungkanlah tentang dirimu sendiri. Bersikap lembut itu baik, tetapi kamu juga harus berani bersikap. Latih kemampuan bicaramu. Berpikir lebih reflektif, dialog dengan dirimu sendiri. Ambil batasan kapan kamu harus lembut mengasihi dan kapan tegas menolak.

Salah satu terapi untuk para perempuan pengidap 'kompleks ibu' adalah berlatih berkata TIDAK.

Buat kamu semua, para putri sulung:

Mari berpelukan....

GANGGUAN KONEKSI

Waktu bayi kecil kita menangis, seluruh dunia seolah menghambur mendatanginya. Orang di sekitar siap memeluknya, menghibur dengan ekspresi lucu dan kata-kata menenangkan sambil mencari tahu kenapa bayi mungil ini menangis. Kalau dia lapar, kita kasih makan. Kalau dia bosan, kita ajak main. Kalau dia kesepian, kita temani.

Kita berusaha melakukan segala cara agar terhubung dengan sang bayi.

Seiring waktu, bayi mulai tumbuh. Kosakatanya makin banyak. Kemauannya macam-macam. Dan ulahnya mulai bikin pusing kepala. Lalu, kita mulai berkomunikasi dengan cara efisien.

"Sudah salat, belum?"

"Makannya dihabiskan."

"Kalau mandi jangan kesorean."

"Jangan telat tidur, besok telat, lo!"

"Kamu cari kegiatan sana, jangan ganggu adik."

Dan seterusnya.

Komunikasi kita menjadi satu arah dan intonasi kita menggegas anak agar melakukan tugas dengan cara seksama dan dalam tempo yang sesingkat-singkatnya.

Di sinilah tanpa sadar koneksi kita dengan anak mulai terganggu. Cara mendeteksi gangguan koneksi itu mudah saja. Contoh: anak jadi ngeyel/membangkang, muka cemberut, tidak komunikatif/dialogis. Kalau ditanya, jawabnya 'Enggak *tau*', 'Ya, *gitu*, deh', 'Lupa', 'Bosan *ditanyain* terus', 'Mama *alay aja*', dan sejenisnya.

Ucapan-ucapan yang justru membuat orang tua makin *'blocking'*, makin merasa terjauhkan dan tidak berdaya mesti *gimana* menghadapi anak?

Ditegur, salah.

Didiemin, makin menjauh.

Dibaikin, eh, dibilang kita *alay*.

Hubungan yang bikin kita frustrasi.

Lalu bagaimana menghadapinya? Bagaimana agar kita dapat terkoneksi lagi dengan anak dan bisa saling mengekspresikan rasa seperti waktu ia bayi kecil dulu? Yang matanya berbinar saat melihat kita datang. Yang senyumnya menjemput hati kita untuk kembali padanya.

Kok, sekarang kita merasa seperti bertepuk sebelah tangan? Kita saja yang sibuk mengatur hari agar anak dapat menjalani dengan baik, sedangkan anaknya tidak merasakan ekspresi cinta ibu. Padahal ekspresi anak yang menyenangkan itu menjadi amunisi ibu agar kuat menjalani kesehariannya.

Anak sibuk dengan dunianya sendiri: sekolah, ekskul, *playdate* dengan teman, dan sebagainya.

Waktu mereka habis di luar sana.

Apa fungsi sebuah keluarga kalau begitu?

Ah, yang penting anak baik-baik saja di luar sana.

Yakin?

Berapa banyak anak-anak yang mengeluh orang tuanya 'toksik'. Para perempuan yang tak berdaya dalam kuasa pria cabul. Belum lagi perilaku penyimpangan dan gangguan mental lainnya, sampai WHO mencanangkan hari khusus untuk memperingati 'kesehatan mental' disebabkan angka gangguan mental yang meningkat tajam. Sampai DSM disusun bolak-balik karena makin banyak dan spesifik saja masalah mental itu.

Jadi bagaimana membangun koneksi itu? Ya. Kita ingat saja dulu, apa yang kita lakukan agar tersambung dengan bayi kita?

1. Sentuhan fisik
2. Memvalidasi emosinya -meskipun emosi negatif
3. Waktu khusus (entah saat menjelang tidur, saat makan, mengajak bermain/bicara yang dialogis)
4. Toleransi dan permaafan

Kelihatannya mudah, ya. Dan normatif. Tapi coba kita *review* satu-satu dulu, tidak perlu sekaligus. Misalnya, poin no.3. *Apakah kita punya waktu khusus dengan anak? Apakah kita suka bercerita kepada anak atau obrolan kita apakah memancing dia untuk balik cerita?*

Tapi jangan dipaksa juga agar anak bicara semua kepada Mama, mesti cerita ke mama. Ya, mama kan bukan superhero yang akan membereskan semua masalahmu.

Ada masanya kamu harus berjuang sendiri kelak.

Komunikasi dialogis itu ditujukan agar anak belajar mengenali lintasan pikirannya. Apa kebutuhannya. Mana yang distraksi lingkungan dan mana yang benar-benar dirinya. Mengekspresikan dalam cara yang tepat. Melatih kemampuan kendali, dan sebagainya. Tidak semua perlu kita jawab, karena kita pun belum tentu bisa menjawab. Semua orang pasti berproses. Tapi pembicaraan itu akan membawa anak pada perenungan yang lebih dalam untuk mengenal dirinya.

Para ilmuwan, masa kecilnya dilalui dengan banyak melakukan pengamatan pada lingkungan: Kenapa bulan pergi? Di langit isinya apa? Untuk apa semesta luas kalau hanya bumi yang berpenghuni?

Pertanyaan yang sama pada setiap kanak-kanak.

Setidaknya si anak tidak tenggelam dalam *'over-thinking'* jika ada masalah menyangkut konflik dengan lingkungannya. Dia akan belajar juga menerima pandangan orang lain. Terbiasa bermusyawarah. Dan seterusnya.

Dicoba, deh, satu-satu. Mana yang rasanya paling mudah.

"Tapi anak saya *udah* tidak mau dicium dan peluk. Risih katanya."

Ya. Pelan-pelan saja. Bertahap. Pasti ada masa canggungnya juga. Anak pun bisa canggung pada ibu yang melahirkannya. Wajar saja. Distraksi lingkungan sudah seperti monster.

Jadi kita jangan *ujug-ujug* main peluk. Nanti anaknya demam, dikira emaknya lagi *kesambet* apa, *gitu.*

Yang terpenting adalah mengubah sikap di keseharian yang bisa memancing anak untuk datang kepada ibunya dan berinisiatif memeluk ibunya lebih dulu.

Dicoba dulu, ya. Yang penting semangat kita untuk memperbaiki diri. Insya Allah menjadi cahaya bagi anak-anak kita.

Semoga bermanfaat.

ANAK DAN MAINAN

Anak-anak itu kalau lagi asyik main, terus kita ambil mainannya, bisa dibayangkan, ya, bagaimana reaksinya?

Pasti bakal *njerit, rungsing, ngamuk*, dan sebagainya. Lalu orang tua membantu anak untuk menawarkan mainan lain yang lebih edukatif, yang sesuai usia dan kepintarannya. Tak lupa kita bantu redakan dengan mengajaknya bermain. Kita jadikan diri kita sebagai tempatnya menumpahkan rasa, menjadi teman bermain, teman duduk....

Anak dan mainan analog dengan kita dan kehidupan dunia. Ada satu waktu kita lagi asyik dengan 'mainan' kita. Entah berupa pekerjaan, kecantikan, kekasih, kebugaran, usia muda, dan sejenisnya. Lalu tiba-tiba 'mainan itu diambil'. Wujudnya bisa ditipu orang hingga rugi, kehilangan pekerjaan, sakit, tua, ditinggal orang tercinta. *Kira-kira bagaimana reaksi kita?*

Apakah pada saat itu kita masih ingat bahwa perlakuan orang tua mengambil mainan anaknya sebagai upaya untuk menyelamatkannya?

"Nak, mainan itu terlalu lama kamu genggam. Ini berbahaya karena kamu jadi lupa dengan tujuan hidupmu. Sudah sini, singkirkan mainanmu, dan jadikan Aku teman dudukmu..."

Begitu tawaran dari Tuhan.

Tapi bagaimana reaksi kita?

Apakah kita seperti bocah kecil tadi?

Kita menganggap tindakan orang tua memancing 'konflik' dalam kehidupan. Padahal konflik ini adalah sarana bagimu untuk mengalirkan lapis demi lapis dalam dirimu yang belum sempat kau kupas, yang mesti diawali oleh perenungan mendalam tentang hidup.

Menjadi kanak-kanak tak sepenuhnya salah, karena hanya kanak-kanak yang mudah *relief*, mudah *recovery* dan mudah *diajakin* untuk berjalan kembali. Karena berjalan, melangkah, akan menguatkan kakimu dan mengokohkan pijakanmu pada koordinat yang tepat sesuai kehendak-Nya.

Dan tiap kali akan melangkah menempuh jalan baru, adab seorang muslim untuk berdoa sebagaimana yang diajarkan Rasulullah,"Ya Allah, pilihkan untukku sesuai dengan ilmu-Mu."

Amin.
Semoga bermanfaat.

TENTANG LUKA PENGASUHAN

Bicara tentang luka pengasuhan, bukan berarti kita sedang mengorek luka lama bersemi kembali, apalagi sampai menyalahkan orang tua dan menanam dendam berkepanjangan.

Kita tidak bisa menutup mata bahwa ada orang tua yang memang kasar dan serampangan dalam mengasuh. Ada orang tua yang melakukan penganiayaan dan tak bertanggungjawab. Ada orang tua yang mengalami gangguan jiwa/mental.

Kita tentu tidak bisa menafikan bahwa *treatment* orang tua turut membentuk karakter kita hari ini, karakter yang kemudian mewarnai interaksi kita saat merespon lingkungan (anak, pasangan, teman, pekerjaan).

Nah, urgensi kita hari ini adalah mewaspadai mana saja dari bentukan tersebut yang kemudian membentuk pikiran/emosi negatif dan perilaku *maladptive*.

Contohnya begini.

Sebuah keluarga memiliki tiga anak. Mereka keluarga baik-baik. Orang tua mengasuh anaknya dengan pola yang sama, *trial-n-error* sebagaimana keluarga lainnya.

Akan tetapi dari pengasuhan tersebut yang mengalami trauma berkepanjangan hanya anak sulungnya saja. Sampai masa dewasanya, si anak sulung masih suka menangis ketika ingat ayahnya memaki adiknya dengan kalimat yang tidak patut. Si anak sulung masih sesenggukan saat ingat dirinya membantu ibunya mengurung adiknya di WC yang gelap.

Si anak sulung masih didera mimpi buruk yang membuat dia ketakutan membangun relasi intim dengan lawan jenis, menjadi sensitif dan pencemas luar biasa. Sementara adiknya yang mengalami kekerasan di masa kecilnya terlihat baik-baik saja, tumbuh menjadi seorang yang humoris, ramah dan bertujuan. Keluarganya harmonis dengan anak banyak.

Si adik malah ingatnya si kakak ini yang jahat dan judes ke adiknya, padahal si kakak merasa tindakannya hanyalah perpanjangan tangan dari orang tuanya saja. Dia hanya eksekutor dari pendaman rasa emosi orang tuanya.

Ketika ditanya pada anak sulung, apa yang membuat ia menjadi trauma? Ia menyatakan menyesal kenapa tidak menolong adiknya. Ia merasa tak berdaya saat disuruh ibunya untuk menghukum adiknya. Ia merasa harusnya ini adalah tugasnya untuk melindungi adiknya. Ia merasa telah melakukan hal yang salah, merasa terjebak sebagai anak yang tak punya daya, merasa lemah, menjadi korban akan posisinya sebagai anak dan merasa *out-of-control* atas ketakmampuannya untuk memutuskan tindakan yang tepat.

Sikap si anak sulung ini otomatis mewarnai interaksinya dengan lingkungan. Dia juga merespon dengan cara yang sama. Ia kerap kali merasa dirinya tak punya daya sehingga kerap melakukan penghindaran, menarik diri, dan tak bertahan dalam suatu relasi. Banyak teman tapi tidak mendalam. Dia merasa dirinya tak lebih dari sebentuk spons yang hanya menyerap. Jika lingkungan baik, dia jadi baik. Jika lingkungan jahat, dia juga ikut terbawa.

Ini yang mesti dikenali oleh tiap diri. Meski kita berada dalam situasi yang sama, orang tua yang sama, akan tetapi cara kita merespon beda satu sama lain. Tergantung kita mengaktifkan mode pikiran dan emosi yang mana, yang memang dipengaruhi oleh temperamen, kecenderungan kepribadian, dan etiologi lainnya.

Ini yang membentuk skema yang menentukan cara kita bereaksi secara otomatis. Kalau tidak kita sadari, ya, kita akan jadi bulan-bulanan fenomena di sekitar kita. Kita sibuk membangun pagar-pagar untuk melindungi diri tanpa mencari tahu bagaimana membangun imunitas emosi yang baik.

Lagi-lagi kita akan diminta untuk me-*review* diri.

Bagaimana lingkungan di masa kecil, kebutuhan apa yang rasanya tak terpenuhi (Merasa tak dicintai? Merasa tak berdaya? Merasa tak berharga?) Ekspresi emosi apa yang timbul? (Sering sedih, dendam, kecewa, bahagia). Bagaimana orang melihat kita? (Cemberut, serius, murah senyum, ramah). Lintasan pikiran apa yang sering timbul?

Mumpung kita masih diberi kesehatan dan kemampuan berpikir hari ini, yuk kita lakukan *review* diri ini. Bersikap lebih objektif itu jauh lebih menyehatkan ketimbang bertahan pada suatu dogma yang kita belum paham maknanya.

Membuka pikiran. Membuka hati. Untuk siap berubah. Untuk menjemput takdir terbaiknya.

Menjadi ayat ketika kita mengubah apa yang ada dalam diri kita, maka takdir kita pun turut berubah menjadi lebih baik.

Wallahu a'lam.

MENGENAL KEPRIBADIAN

Masa pandemi begini, ditekankan betul agar kita menjaga imunitas diri melalui pengaturan pola hidup sehat: dari menjaga makanan, olahraga, mengatur keseimbangan waktu, bahkan menambah suplemen untuk meningkatkan sistem imun.

Nah, sebenarnya kepribadian manusia mirip sistem imun tubuh tersebut. Terbentuk melalui sikap hidup keseharian, pola interaksi, dan reaksi fisiologis (tubuh) saat merespon stimulus eksternal maupun internal.

Kalau stimulus eksternal kita bisa paham, ya? Misalnya, baca postingan seseorang di medsos, tiba-tiba terlintas pikiran: "Halah, bisanya teori *aja*, nih, orang."

Emosinya timbul rasa benci.

Reaksi fisiologisnya: jantung berdetak lebih kencang, muka mengencang tegang, garis mulut melengkung ke bawah.

Coba diamati *trigger* yang membuat emosi negatif kita timbul. Bukan untuk menghilangkan orang atau situasi pemicunya, tentunya. Melainkan mengenali proses terbentuknya perasaan atau emosi negatif tadi. Untuk mendeteksinya tentu tidak bisa sebentar, apalagi sampai menimbulkan *insight* dan mengembangkan perilaku baru.

Nah. Bagaimana yang dipicu stimulus internal?

Pernah, kan, kita dengar orang yang 'tidak ada hujan, tidak ada angin' tiba-tiba jadi berubah *mood*-nya? Ya. Ini contoh perubahan perilaku yang dipancing oleh stimulus internal. Bisa tiba-tiba *pop-up* saja rasa emosi tidak enak, tidak nyaman, yang bikin seseorang uring-uringan.

Biasanya ini terkait hormonal juga. Meski demikian, bisa kok, dikondisikan agar levelnya tidak sampai mengganggu kualitas hidup dan interaksi.

Sebagaimana sistem imun yang bisa terganggu, demikian juga kepribadian manusia. Jika terjadi penyikapan yang tidak tepat, berlangsung berlarut-larut, dikondisikan dalam interaksi yang tidak menyehatkan, lama kelamaan bisa memicu gangguan pada kepribadian. Gangguan ini otomatis akan memicu sindroma klinis lainnya, seperti: delusi, mania, depresi, bipolar, kecemasan berat, dan lainnya.

Maka kenapa tiap kita mesti mengenali kepribadian masing-masing agar kita dapat mengelola kehidupan mental yang sehat dalam aktivitas keseharian. Sebagaimana tiap orang mungkin punya potensi virus berbeda-beda dalam dirinya. Ada virus tifoid, covid, flu, dan sebagainya. Tugas kita menjaga tubuh agar mampu menahan gempuran virus tersebut. Demikian pula tiap kita punya tipe kepribadian yang berbeda-beda.

Mengubah kepribadian tentu sulit. Tapi kita bisa menjaga agar tidak berkembang menjadi gangguan *(disorder)*.

Urgensinya bagi tiap diri untuk mengenal kepribadian masing-masing bukan untuk membandingkan kepribadian ini lebih berbahaya dibanding yang lain. Sepanjang masih batas normal, tak memicu sindroma klinis. Meski ada sindroma klinis terjadi tanpa diiringi gangguan kepribadian, ada tipe kepribadian yang memang butuh perhatian khusus karena berpotensi *selfharm/suicide.*

Biasanya setelah mengetahui tipe kepribadian tersebut, klien diminta untuk menuliskan aktivitas keseharian untuk me-*review* mana kegiatan yang bisa memicu potensi klinisnya. Lalu di-*review* juga reaksi individu dalam *setting* situasi tertentu.

Bisa juga dimulai dari masalah yang mengganggu dirinya. Dicek apa yang terlintas dalam pikirannya, bagaimana emosinya, reaksi fisiknya, lalu apakah ada kejadian masa lalu yang diasosiasi dengan kondisi hari ininya? Yang secara otomatis men-*trigger* munculnya emosi atau pikiran tertentu?

Di-*breakdown* juga berbagai bentukan *values, belief-system* yang memengaruhi caranya dalam menyikapi kejadian.

Tujuannya untuk memancing *insight* dari individu. Agar individu mengenali perubahan emosinya, lintasan pikirannya dan terutama reaksi-reaksi fisiologis yang jika tak disadari bakal merusak fisiknya.

Kesehatan fisik kita memang tidak bisa dipisahkan dari mental. Apalagi kalau sampai rusak fisik dan mental.

Naudzubillah.

Maka kenapa sering ada istilah, 'Nah, yang kayak *gini bantuin nguatin* imun'

Imunitas alias kekebalan tubuh, *yes.*

Bukan imunnya Maemunah.

So, saya menekankan berulang-ulang pentingnya kita *review* diri, ya. Tidak mesti tiap hari dan tidak mesti 24 jam. Bahkan dari mimpi-mimpi pun bisa dituliskan.

Ya. tidak mesti ditafsir ini-itu pakai primbon.

Tapi mimpi buruk itu sebetulnya bagian dari sinyal tubuh.

Ada anak yang kalau sebelum tidur menyantap makanan yang tidak sehat. Entah bervetsin, entah bikin panas perut, yang tidak sehat, bisa memicu munculnya mimpi buruk.

Ya. Intinya itu, *sih.* Agar kita peka mengenal sinyal tubuh. Kalau kita mau belajar peka terhadap kebutuhan orang lain mesti dimulai dari peka terhadap sinyal tubuh sendiri. Terhadap pikiran yang muncul, reaksi emosi dan perubahan fisik.

Mengutip sabda Rasulullah: *Man 'arofa nafsahu, faqod 'arofa rabbahu.* Siapa mengenal dirinya *(nafs)*, akan mengenal Rabbnya.

Aristotle: Awal mengenal diri adalah awal kebijaksanaan.

Wallahu a'lam.

Semoga bermanfaat.

MENDONGENG

Bayangkan, baru baca satu kalimat anak udah heboh sendiri 'membaca' gambar di buku. Mana pakai *dipraktekin* gerakan si hewan lompat sana-sini, lari-larian pula ... di malam hari

Tahap berikutnya. Saat anak sudah mulai anteng *diceritain*, malah emaknya yang selalu *pules* duluan. Saat *kebangun* posisi buku masih *nemplok* di atas muka. *Beneran* tidak ada romantis-romantisnya.

Belakangan, saya mulai menjadwalkan dan mengondisikan diri sendiri agar bisa membacakan buku tanpa ketiduran. Saya membacakan buku sambil duduk. Waktu membaca berkisar 15-20 menit. Lalu *selimutin* anak. Doakan. *Sudah, beres.*

Tidak perlu cerita sampai nunggu anak tidur, karena seringnya tidak sesuai ekspektasi. Ya, itu tadi. Emaknya bablas *pules*, anaknya masih melek.

Bagaimana kalau anak minta *bacain* lebih banyak? Boleh. Tapi gantian. Anak baca nyaring—*read aloud*—dua halaman, emak empat halaman. Anak baca lima halaman, emak *bacain* sepuluh halaman.

Tidak mesti malam itu. Anak bisa baca pas siang hari, malam hari kita bacakan *multiply*-nya, sesuai halaman yang sudah dia baca.

Fair enough.

Sekarang. Membacakan buku sebagai pengantar tidur. *Selimutin*. Doakan. Jangan lupa bilang '*I Love You*'.

Ke anak masing-masing, ya. *Bukan ke saya.*

DISIPLIN SESUAI USIA

"Perintahkan anakmu untuk salat pada usia 7 tahun, dan pukullah mereka karena meninggalkan salat bila berusia 10 tahun, dan pisahkan tempat tidur mereka (anak dan orang tua atau antara anak laki dan perempuan)" -Hr. ABU Daud

Saya selalu tertarik dengan batasan-batasan usia yang disabdakan Rasul, sebagaimana saya juga tertarik dengan kronologis kehidupan Rasul tahun per tahun. Kehidupan manusia mulia ini dirinci dalam rangkaian tahun-tahun tersebut, bukan sekadar rangkaian tahun tanpa makna. Dalam rentang 63 tahun kehadiran beliau di muka bumi, tersimpan kunci-kunci *parenting*, kunci-kunci pendidikan tepat sesuai usia.

Dari hadis populer ini saja, jika dikembangkan dengan teori-teori psikologi perkembangan, pendidikan dan *parenting* bisa jadi pembahasan yang panjang. Coba kita kasih *teaser* sedikit: Kenapa Rasul memerintahkan anak mulai salat pada usia 7 tahun? Kenapa hukuman jika tak salat mulai diberlakukan pada usia 10 tahun? Kenapa Rasul tidak bilang: perintahkan anakmu salat sejak sedini mungkin, kalo perlu sejak bayi. Kenapa baru boleh 'di pukul' *(saya kasih apostrof karena bisa jadi kata 'pukul' ini memiliki tafsir tersendiri)* pada usia 10 tahun?

Menariknya lagi, hadis ini diperkaya dengan penjelasan hadis lain. Di salah satu hadis dirinci lagi, "Ajarkan anakmu salat jika ia sudah bisa membedakan antara kanan dan kiri".

Wah, ini sungguh menarik. Sekali lagi yang ditekankan bukan pada 'lebih awal lebih baik', 'semakin dini semakin oke', sebagaimana jargon pendidikan di masa kini, melainkan hadis ini mengapresiasi tahapan usia. Usia yang memang harus diakomodasi untuk pertumbuhan aspek lain. Ada aspek utama yang harus dibangun terlebih dahulu sebelum mendalami aspek agama yang cenderung ketat dan rutin. Ada tahapan-tahapan yang mesti dilampaui agar anak siap untuk lanjut ke tahap berikutnya.

Jika disandingkan dengan teori psikologi kognitif, misalnya dari teori Piaget, usia 7-11 tahun itu merupakan masa operasional konkret. Masa di mana logika anak mulai terbentuk. Masa di mana anak mulai melakukan penalaran untuk menyelesaikan masalahnya.

Apa ciri-cirinya? Misalnya, anak sudah bisa diajar berhitung dengan beberapa cara berbeda, tak semua harus dihitung berdasar benda konkret, tapi sudah bisa membayangkan hitungan. Contoh lainnya, anak mulai mengerti bahwa air yang dituang ke gelas yang lebar pendek tidak lebih sedikit dibanding air yang dituang ke gelas tinggi tapi ramping. Lebih mudahnya lagi, sebagaimana sesuai hadis tadi, 'jika ia sudah bisa membedakan tangan kanan dan kiri'. Artinya anak sudah memahami konsep ruang: kanan-kiri, atas-bawah, depan-belakang, dalam-luar ... nah, baru ajarkan salat.

Ih, kenapa begitu ya? Apa salah *kalo* anak balita udah *diajarin* salat dhuha? Supaya mereka mengingat Allah?

Bapak Ibu, bukannya tidak boleh, tapi fokus kita bukan untuk mengajarkan ritual. Untuk masa balita, biarkan saja mereka melihat contoh dari bapak ibunya saat melaksanakan salat sambil sesekali ajak ke masjid. Mereka sedang belajar mengenali anggota tubuhnya, belajar mengenal fungsi indranya, belajar mengendalikan, belajar menata dirinya. Otak mereka tumbuh berkembang, neuron mereka makin rimbun jika distimulasi oleh banyaknya gerakan yang mereka lakukan.

Jiwa anak-anak itu masih suci. Masih sangat dekat dengan fitrah dirinya, mereka masih lihat malaikat, masih merasakan nurani, kepekaan spiritualnya masih dominan. Belum perlu disiplin syariat yang terlalu ketat. Insya Allah anak akan belajar dari lingkungannya. Dia akan melihat bagaimana ibunya demikian anggun menutup aurat, bagaimana ayahnya demikian khusyuk dalam salat, bagaimana ayah dan ibunya bersinergi dalam membangun rumah tangga sesuai syariat. Itu akan berbekas mendalam pada diri anak, sehingga jika saatnya mereka mulai belajar disiplin yang rutin, mereka akan menjalaninya dengan semangat dan hati riang.

Lagipula bagaimana mau belajar disiplin jika konsep waktu saja mereka belum jelas? Belum tahu pagi atau siang, belum tahu bedanya jam 7 dengan jam 10, belum tahu arti kata ‘sebentar’. Belum paham apa perbedaan kejadian minggu lalu dan kemarin siang. Syariat dikenakan jika akal seseorang sudah bisa paham, seminimalnya dalam konsep waktu. Sebagaimana hadis tadi, yang dianalogikan dengan sangat akurat oleh Rasulullah, 'jika sudah bisa membedakan antara tangan kanan dan kiri.' Membedakan secara *ajeg*, bukan kadang-kadang. Kalau kadang-kadang *ngerti* kadang-kadang enggak, itu namanya kebetulan.

Begitu aspek akal mulai mendominasi, pas mereka sudah mulai bisa dialogis, mulailah mereka bisa diberi pemahaman kenapa harus salat. Kenapa harus menjalankan syariat. Apa yang sudah terekam dalam benak mereka saat menyaksikan orang tua maupun lingkungannya yang rajin menjalankan ibadah akan lebih mudah bagi mereka untuk menjalankannya.

Jadi yang namanya salat bukan sekadar hafalan rangkaian gerak dan hafalan lisan, ya. Kapan mulai mengenalkan syariat pun dicatat ketat dalam hadis. Sudah ada batasan usianya, tidak usah *nambah-nambahin* dengan melakukan sedini mungkin. Tidak akan membekas kecuali rasa kesal karena bosan. Meskipun pembiasaan juga kadang diawali dengan paksaan, namun jika sudah cukup usia, dia akan lebih paham diberi pengertian tentang konsekuensinya.

Syariat yang dikenalkan tak tepat waktu bakal berefek negatif juga. Terlalu cepat mendisiplinkan, justru membuat anak jadi keras. Kenapa demikian? Karena ada aspek perkembangan lain yang terkebiri jika melakukan sesuatu terlalu dini. Sebaliknya, terlalu santai mengenalkan syariat melewati batas waktu juga bikin anak 'menggampangkan' segala sesuatu, mudah melanggar norma dan tidak terstimulasi kepekaan spiritualnya.

Mereka tidak akan terpicu rasa ingin tahunya, untuk bertanya kenapa Tuhan disembah, Tuhan itu di mana, nabi itu siapa. Cuek bebek saja. Alih-alih jadi fobia dengan atribut Islam—*naudzubillah*. Bagaimana mau menjadi penolong agama Allah jika syariat *aja* kacau balau?

Anak belajar dari keteladanan. Mereka akan merasakan kebutuhan untuk mengenal salat dari orang tuanya yang terlihat syahdu dan khusyuk saat salat, saat ke masjid bersama orang tua. Di sekolah mungkin khusus jumat jadikan sebagai hari ke masjid atau menggunakan pakaian muslim.

Semua itu dilakukan sebagai pengenalan. Setelah 7 tahun baru ajarkan untuk tertib salat, mulai dilatih pembiasaan. Usia 10 tahun baru berikan sanksi jika ia tak melakukan kewajiban.

Jadi tahapannya itu adalah: pengenalan, pembiasaan dan pengekalan (internalisasi) pada usia *akil baligh*.

Usia 7-9 tahun jika dikaitkan dengan kehidupan Rasul juga luar biasa. Ada banyak aspek yang bisa digali dari kronologis tersebut.

PARENTING MASA KECIL RASULULLAH

Kenapa Rasul yatim sejak dalam kandungan? Kenapa...? Karena takdir Allah? TOP. Jawaban mantap sejuta umat.

Kalau buat saya, hal ini memudahkan pemetaan dalam *parenting* ala Rasul. Kok bisa?

Coba kita simak sedikit, ya. Sekadar *teaser* untuk diskusi lebih lanjut.

Usia 6 tahun pertama Rasul didominasi oleh aspek maternal (istilahnya: *scola materna*). Sebagaimana istilahnya 'scola materna', maka pendidikan awal di tangan ibu.

Ciri utama dari scola-materna ini adalah: merawat dan melayani. Ibu menyusui, memberi makan, menemani bermain. Kelihatannya *simple*, ya? Padahal dari hal yang terlihat sederhana itu terjadi proses transformasi yang luar biasa. Bagaimana dalam mengasuh anak-anaknya itu tersimpan *hidden-message*, karena perlakuan ibu adalah gambaran sebuah dunia di mata anak. Ibu adalah gambaran dunia yang akan anak hadapi kelak. Bagaimana anak memandang dunianya kelak akan terbangun sejak ia berinteraksi dengan ibunya.

Ibu adalah representasi wajah dunia bagi putra-putrinya. Bagaimana impresi ibu terhadap dunia, bagaimana penyikapan ibu dalam merespon kesehariannya, bagaimana ideologi seorang ibu, akan terekam dengan baik oleh anak. Anak mulai belajar tentang dunia melalui ibu. Dari genggaman tangan ibu, dari denyut jantungnya, dari kehangatannya, dari ekspresinya. *Kenapa harus ibu?* Karena ibu yang memeram janin, yang merawatnya hingga matang.

Jika merujuk pada Imam Ali r.a yang menyatakan, "Usia 0-6 tahun perlakukan anakmu sebagai raja, usia 7-14 tahun perlakukan anakmu sebagai tentara (tawanan perang?) dan usia 14 tahun ke atas perlakukan anakmu sebagai sahabat."

Terlihat *parenting* itu dinamis sekali, ya? Lalu, apakah orang tua harus 'berubah wujud' menyesuaikan perkembangan anak? Bagaimana kalau masing-masing anak rentang usianya berjarak jauh?

Lalu, apakah figur ayah tidak dibutuhkan selama 6 tahun pertama? Tentu saja dibutuhkan, tapi tidak terlalu significant bagi anak. Peran ayah lebih dibutuhkan oleh ibunya justru, misalnya, menjaga ibu jangan sampai kena *baby-blues*. Memenuhi kebutuhan sandang pangannya, memberikan dukungan yang menenangkan dan suasana emosional yang kondusif agar ibu merasa nyaman. Ingat, apa yang termanifes dari setiap 'wajah' ibu akan direkam anak, maka pe-er ayah untuk memperlakukan istri dengan baik. Ini adalah masa pembentukan emosi anak. Peran ibu masih dominan meski intensitasnya lambat laun akan memudar saat anak beranjak dewasa.

Usia 6 tahun, ibunda Rasul meninggal. Peran ayah baru dimunculkan, direpresentasikan oleh peran: Abdul Muthalib dan Abu Thalib. Ketika tahu bahwa saat anak mulai masuk tahapan usia 7 tahun, disiplin mulai dijalankan. Secara kognitif, anak sudah mengenal konsep waktu. Sudah bisa diajarkan kapan waktu bermain, kapan belajar, kapan tidur. Dengan makin matangnya *prefrontal cortex*, anak sudah mulai paham sebab-akibat, sebagai konsekuensi dari perbuatannya. Di usia ini anak mulai belajar nilai moral dan sosial, tentang baik-buruk, benar-salah, mengambil keputusan, beretika, dan pengendalian diri. Mereka mulai dilatih bak tentara yang terjadwal waktunya dan menata diri, merapikan diri dalam barisan.

Tapi, perhatikan dulu, kenapa 'aspek ayah' terbagi dua? Direpresentasikan oleh Abdul Mutahlib usia 6-8 tahun, baru pada usia 9-10 tahun ke atas Rasul dididik oleh Abu Thalib?

Sebelum anak-anak mencapai masa disiplin ketat, ada fase transisi usia 6-8 tahun. Masa ini diisi oleh figur yang memompakan visi tentang masa depan seorang anak. Seorang figur yang tidak hanya bisa berkata,'Kamu punya peran penting dalam dunia ini!', 'Kamu kelak akan menjadi 'orang besar', 'Dunia enggak ada artinya tanpa kehadiranmu', tapi juga telah menginternalisasi visi tersebut dalam sikap dan ekspresi hidupnya. Sehingga kehadirannya saja sudah membangun *insight* bagi anak. Sebagaimana Abdul Muthalib selalu mengatakan pada siapapun bahwa, 'Muhammad adalah calon pemimpin besar'. Penting sekali bagi seorang anak untuk merasakan, mengimajinasikan visi ini dalam dirinya. Abdul Muthalib telah menjadi teladan nyata sebagai pemimpin sejati. Seminimalnya, kita bisa pancing anak melalui buku bermutu yang memancing inspirasi dan imajinasinya. Ingat ya, imajinasi *jauuuh* lebih penting dirangsang pada masa ini ketimbang ratusan fakta dan data.

Apa jadinya jika fase ini terlewatkan? Fenomena yang saya dapatkan di lapangan: Banyak anak usia 6-8 tahun yang mengalami masalah psikis, terutama gangguan kecemasan. Saya menemukan kasus mulai dari OCD, fobia, psikosomatis, *mutisme selective,* sampai *tics*. Dan kebanyakan ini terjadi pada anak laki-laki.

Kabar baiknya, jika masalah psikis ini terdeteksi pada usia 6-8 tahun, bisa lebih 'mudah' menanganinya. Tinggal ubah lingkungan yang menjadi pemicunya, insya Allah anak akan mudah berubah. Jika tidak hati-hati pada fase transisi ini, bisa terjadi 'ledakan' pada usia 13-14 tahun.

Baru pada usia 9 tahun, anak mulai 'berniaga'. Mengenal dunia yang lebih luas, berinteraksi dengan macam-macam manusia demi membangun logikanya dan memenuhi tugas-tugas perkembangan lainnya. Jadi, sebetulnya konsep sekolah yang berorientasi akademis baiknya dimulai pada usia 9 tahun. Sebelum usia tersebut, anak masih belajar menyerap. Saat usia 9 tahun sudah bisa diberi tugas, untuk: presentasi, membuat pe-er/proyek, tugas kelompok, dan sejenisnya.

SAAT REMAJA MENJADI TEMAN

Tahukan Bapak Ibu, kalau memperlakukan anak sebagai sahabat itu hal yang paling sulit dibanding tahapan usia sebelumnya?

Kalau soal memanjakan anak bak raja, emak-emak paling handal deh dalam soal melayani, apalagi kalo anak pas lagi 'lucu-lucunya'. Tahapan berikutnya, mendisiplinkan anak bak tentara juga jago semua, deh. Ya, kan? Kalimat semacam, 'Nah, kan, Mama bilang juga apa?', 'Kamu mesti tanggungawab, dong, kan *udah* komitmen', 'Ayo pilih, mau ini atau itu, *kalo* enggak Mama tinggal'. Itu semua 'nyanyian kebangsaan' emak-emak sejagat raya.

Tapi ketika harus memperlakukan anak bak sahabat? Sangat tak mudah. Padahal di usia inilah mereka ibarat sedang berada di persimpangan jalan. *Gamang*. Bimbingan orang tua tetap diperlukan, lo! Jangan melepaskan keputusan pada anak sendiri dan membiarkan ia menelan sendiri keputusan tersebut. Kan masih ada kita, orang tuanya? Sebelum membebani remaja untuk bertanggungjawab atas keputusan yang dibuat, mesti ada 'jalan' yang kita siapkan sebelum melepas mereka. Apakah 'jalan' itu? Silakan simak dulu, ya.

Salah satu ciri dari perkembangan aspek kognisi sosial remaja ini adalah munculnya 'egosentrisme', kecenderungan remaja untuk menerima dunia (dan dirinya sendiri) berdasar perspektifnya sendiri. *Konkretnya seperti apa egosentrisme remaja itu?*

Selain mereka mulai galau dengan masalah-masalah fisik mereka sendiri yang menurut kita, *mah, 'fine-fine' aja*, juga mulai menguatnya kebutuhan dalam diri para remaja untuk diperlakukan secara unik. Mereka tahu bahwa diri mereka unik meski tidak tahu apanya yang unik itu. Dengan kata lain, mereka butuh dibantu untuk digali tentang keunikan diri mereka masing-masing. 'Aku *nih* istimewa, lo!' Namun bagaimana membuat orang tahu dengan keistimewaan mereka dan untuk apa keisitmewaan ini mereka miliki belum menjejak dalam diri mereka.

Belum lagi masalah hormonal. Selain urusan fisik yang membuat perasaan mereka campur aduk, kadar melantonin yang mestinya optimal jadi 'rusak' oleh gelombang radiasi tv dan *gadget.* Ruang-ruang permenungan yang mereka butuhkan habis oleh jam sekolah yang padat dan les ini-itu. Akhirnya timbul, deh, masalah 'pola tidur', susah tidur atau tidak nyenyak. Tapi *dibangunin* juga susah. Pola makan mungkin juga berantakan. *Mood* yang tidak stabil memancing mereka untuk makan sesuatu yang buruk juga. Nah, bahaya jika mereka sudah tidak bisa merasakan alarm kebutuhan tubuhnya. Ini bahaya, karena masalah psikologis bisa muncul dari ketidakpekaan kita dalam merespon tanda-tanda kebutuhan fisik.

Setelah fase 'pendisiplinan' yang ketat, mereka mulai butuh bantuan untuk menata orientasinya lagi. 'Aku mau ke mana, sih?', 'Semua disiplin yang aku lakukan ini untuk apa?'

Di masa ini pula, banyak masalah-masalah spiritual yang bergolak. Persoalan-persoalan yang tak mampu dikomunikasikan ini akhirnya muncul dalam letupan-letupan emosi, dalam pemberontakan-pemberontakan kecil. Timbul rasa tidak percaya diri bahwa *aku ternyata bukan siapa-siapa*. Dan lebih parahnya, bisa muncul masalah psikologis akut.

Kembali pada perjalanan kisah Rasul. Saat usia 14 tahun, apa sih, yang Rasul lakukan? Usia 14 tahun, Rasul pertama kali ikut berperang. Ya, kalau di bumi nusantara nan damai, *mah*, enggak ada peperangan begitu. Jadi apa dong maknanya? Ya, anak mulai 'berperang' melawan rasa malasnya, manjanya, kebiasaan buruk dan mulai belajar mengorientasikan kehidupannya. *Aku mau ke mana?* Sambil kita memberi visi tentang keadaan zaman, apa yang terjadi, apa yang dibutuhkan dari dirinya, kenapa dia mesti belajar, apa peran dirinya. Mungkin tidak secara gamblang kita jelaskan. Agak sulit juga mengomunikasikan hal yang abstrak itu. Kita bisa bantu dia agar fokus dengan kemampuannya. Juga melalui buku yang inspiratif, jika suka membaca. Lalu diskusikan. Atau, belajar dari orang/guru yang bisa memotivasi melalui pelajaran/materi tertentu. Masih ingat film *Laskar Pelangi?* Ada kisah di mana sang guru bahasa selalu memotivasi dengan kisah suatu tempat bernama Sorbonne di Prancis, sampai sang murid pun merasa terinspirasi.

Agar anak memperoleh *insight* itu, penting untuk membangun visi tersebut pada diri masing-masing orang tua. Ini memang gampang-gampang sulit, karena sangat terkait dengan penghayatan orang tua terhadap kehidupan.

Pada hakikatnya setiap orang akan berperang. Para remaja ini juga tengah berperang dengan pikirannya, dengan kehidupan yang tengah mereka jalani. Penting bagi orang tua untuk memahami gejolak fisik, pikiran, dan perasaan mereka. Masa remaja ini merupakan masa 'siap reproduksi.' Siapkan putri Anda dengan kebiasaan keputrian dalam mengatur rumah agar mereka tak asing jika tiba masanya berumah tangga. Agar mereka tak bersaing dengan suami, merasa hidup tak adil jika mereka harus mengurus bayi sementara laki-laki bisa leluasa melangkah ke mana pun. Anak perempuan harus mengkhidmati peran dirinya. Juga dengan anak pria.

Penyikapan kita sebagai orang tua yang memperlakukan anak sesuai tahapan usianya, menggali dan mengenali potensi anak, memberi ruang untuk diskusi, itu adalah ragam 'jalan' yang kita siapkan untuk remaja.

Sedikit intermeso oleh-oleh nonton film India kemarin. Di film *'Dangal'*, digambarkan perjuangan seorang ayah dalam mengantar putrinya untuk menjadi juara dunia gulat. Suatu profesi anomali, anti *mainstream*. Tapi keyakinan ayahnya berbuah manis kemudian. Kata kuncinya bagi saya di sini adalah: si ayah fokus dalam menggali dan mengasah potensi anaknya, bahkan total turun tangan mendidik anaknya sampai 'jadi'. Ini yang jarang ada di zaman sekarang. Kebanyakan orang tua berlindung di balik jargon: 'menyerahkan keputusan pada anak', 'biar anak belajar memilih sendiri', 'terserah anak mau jadi apa, tugas kami hanya memfasilitasi'... yang sejatinya kalimat 'absurd' ini hanya digunakan untuk menutupi kegamangan kita sendiri atas masa depan anak-anak kita.

Mau dibawa ke mana anak-anak kita?

FITRAH

"Setiap anak dilahirkan dalam keadaan fitrah, maka kedua orang tuanya yang menjadikannya yahudi, nasrani atau majusi."

Ini hadis populer yang hampir semua keluarga muslim pernah membacanya. Saat ini istilah 'fitrah' menjadi jargon di kalangan pendidikan. Ada pendidikan berbasis fitrah, pola asuh berbasis fitrah, keluarga berlandaskan fitrah. Semua serba fitrah.

Tapi sebenarnya apa itu fitrah?

Secara ringkas, yang dimaksud dengan fitrah adalah, *"Potensi dasar manusia untuk mengabdi dan bermakrifat kepada Allah; jiwa kemanusiaan manusia yang dilengkapi dengan tabiat beragama."*

Setelah paham definisinya, terus apa saja manifestasi dari fitrah itu? Manifestasinya seperti: memiliki dorongan kuat untuk menerima kebenaran, memiliki kemampuan dan kesediaan untuk menerima pendidikan dan pengajaran, serta menjalani kehidupan sesuai sunatullah.

Jadi yang namanya keinginan untuk beribadah, untuk belajar, untuk mengenal hal-hal baru, rasa penasaran tentang Tuhan dan semesta, mengenal jam biologis (seperti: kapan mulai bisa jalan, kapan lapar, kapan kenyang), juga alarm biologis untuk memahami kadar diri (seperti: mana makanan yang pas, kapan saat tubuh merasa segar, peka/merasakan kondisi 'bahaya') termasuk untuk mencari pasangan lawan jenis lengkap dengan urusan reproduksinya.

So, jika ada pasangan LGBT itu adalah wujud dari melencengnya fitrah seseorang. Timbulnya dorongan/motivasi internal untuk mencari tahu esensi atau pengetahuan secara *radix*, sampai ke akar persoalan, itu semua merupakan sunatullah, atau fitrah.

Sunatullah adalah apa yang telah berjalan sebagaimana mestinya, atau terkait hukum alam. Misal: burung terbang, matahari terbit di timur, jantung memompa darah tanpa istirahat, mata berkedip, siapa menanam dia menuai. Sedangkan fitrah artinya merupakan kemampuan *inherent*, yang telah Allah sematkan dalam jiwa anak Adam sejak perjanjian di alam *alastu*, yaitu: untuk mengabdi dan bermakrifat. Kemampuan makrifat ini khas dimiliki manusia.

Sunatullah itu suatu yang alamiah. Ada waktunya. Ada *timing*-nya. Ada masanya. Ada fasenya. Jadi sebenarnya tugas kita sebagai orang tua dan pendidik tidak seribet yang dibayangkan, kok. Kita tinggal menanti dan merespon kapan saat-saat itu tiba. Kapan anak kenyang, ya tinggal berhentikan makanannya. Kenapa anak *nolak* makan pasti ada alasannya, ketimbang *maksain* anak makan terus sampai dia kehilangan 'rasa' kenyang dan kelezatan makanan. Kenapa anak takut singa, ular, karena memang mereka memiliki intuisi sebagai radar untuk mendeteksi 'bahaya', meskipun mereka belum punya data empiris tentang bahaya lilitan *anaconda*, misalnya. Menjalani sunatullah ini bekal untuk menjaga fitrah anak. Karena dengan memahami sunatullah, anak jadi terbangun kepekaannya sesuai naturnya. Untuk mengetahui kebutuhannya yang paling esensial: untuk mengenal Tuhan.

Jadi, tidak semua hal mesti diberitahu, tidak semua hal mesti di'tuang' habis-habisan, tidak selalu harus mengikuti jargon 'semakin dini semakin baik', 'semakin banyak materi semakin afdal'. Jargon-jargon itu yang merusak fitrah insan, karena tidak iman bahwa setiap manusia membawa mandat dari Tuhan yang spesifik.

Nah! Jadi fitrah itu tidak selalu diasosiasi dengan ritual ibadah '*an-sich*'. Karena ritual itu sebenarnya merupakan konsekuensi logis dari tiap diri yang fitrahnya masih terjaga. Akan terbangun dengan sendirinya jika anak dapat tumbuh secara alamiah, diperlakukan sesuai natur usianya. Bukan karena *drill*. Salah besar jika memaknai fitrah sebagai ritual ibadah *an-sich*.

Jangan sekali-kali menggunakan konsep 'paksakan saja dulu nanti lama-lama terbiasa'. Pola seperti itu tidak selalu produk akhirnya sejalan dengan apa yang kita kira. Kalaupun harus memaksa, pastikan bahwa kita telah melewati fase-fase 'keteladanan', fase 'diskusi', fase 'pengkondisian', dan terakhir: sesuaikan dengan usia. Untuk usia 10 tahun, bahkan ada hadis keras mengenai anak yang belum mau salat. Silakan interpretasi kata 'memukul' itu. Intinya, pada usia itu logika anak sudah mengerti konsekuensi logis dan sudah bisa diajak berpikir jauh tentang suatu masa yang belum pernah terindrai oleh manusia selama hidup di dunia.

Jika kita mengimani, bahwa dalam *qalb* insan tersemat aspek *rabb* Allah, maka kita akan memperlakukan setiap anak sebagai karya Tuhan yang telah ter-instal rasa untuk mengenal sang Pencipta. Kebutuhan itulah yang disebut sebagai: Fitrah. Tinggal menunggu waktu yang tepat saja.

Selama menunggu '*timing*'-nya itulah kita mengkondisikan dengan memberi teladan yang baik bagi anak.

Sebagai pendidik, kita bisa membantu memvisualisasikan aspek ke-*rahmaniyyah*-an Allah melalui penciptaan semesta. Bagaimana semesta ini bisa demikian rapi, benda planet berotasi pada orbitnya masing-masing, air mengalir ke tempat yang lebih rendah, keluar masuknya udara yang kita hirup, denyut nadi, detak jantung, udara yang selalu tersedia setiap saat. Bayangkan kondisi bumi tanpa oksigen selama lima detik saja. Dalam lima detik, banyak kehancuran bakal terjadi. Atau ceritakan keteladanan para nabi, betapa berserah dirinya nabi dalam mengemban *'amr* Allah, daripada menggunakan kata: neraka, dosa, azab, laknat.

Tunggu sampai nanti ada masanya kognisi mereka mampu mencerna secara netral.

Bagi anak di atas 10 tahun yang mulai berpikir abstrak kita bisa bincangkan banyak hal mengenai azab, neraka, kafir, laknat Allah, dan sebagainya. Bagi kanak-kanak? Jangan hancurkan rasa estetisnya dengan kata-kata tersebut, karena secara kognitif mereka belum paham, meski jiwa mereka bisa merasakan rasa ngeri dari kata-kata tersebut. Kenalkan dulu Al-Qur'an dari indahnya alunan/*qiro*/*murottal,* alih-alih langsung mendiktekan terjemahannya. Tunjukkan betapa tertib dan syahdunya kita saat melakukan ibadah salat, Ilmu agama ini sangat keras dan padat, maka masukilah secara halus dan perlahan.

LAPAR OTAK

"Biar anaknya *cepet* tidurnya, disuruh *maen* atau olahraga biar capek. Dijamin tidurnya cepat."

Iya sih, tidurnya lebih cepat tapi cuma 2-3 jam saja. Begitu tubuhnya sudah *recovery*, dia bakal bangun dengan kondisi *suegar buegaar* ... tengah malam. Apa tidak tepar *mamake nemenin maen?*

Ini yang pernah dialami oleh saya dan anak saya. Saya bukannya tidak baca teori-teori psikologi. Rasanya *kalo* soal teori, mah, saya bisa diadulah, ya. Tidak tahu diadu sama apa, *ding*. Tapi semua *tips 'n tricks* tentang cara cepat tidur nyenyak hanya berlaku untuk *mamake* saja. Lha, anaknya tetap saja melek, *bulet* dan sibuk warawiri malam-malam, sibuk *mandiin* tivi layar datar, hiks! Sibuk corat-coret lipstik mamihnya sampai bersembunyi *lamaaa* di lemari dengan pintu tertutup rapat. Pernah pula terkunci sendiri dalam kamar hingga gemparlah seisi rumah tengah malam.

Sampai kemudian, guru ngaji tarekat saya bilang: ini anak lapar otak. Hanya sebaris kalimat itu, langsung melejitkan AHA! momen di pikiran saya. *Yup!* Ini anak perlu makanan otak yang sesuai dengan 'bakat'nya. Saya masih belum *kepikir* dari mana memulainya. Saya malah waktu itu mulai membiasakan diri ikutan begadang sambil menulis ... dan jadilah dua buku *parenting* saya itu *(halah, ngiklan teuteuup, yak!)*

Di samping itu, meski saya seorang pendidik dan psikolog, saya bukan tipe orang yang senang memberi rangsangan eksternal, alias tidak suka banyak intervensi untuk memberikan ragam ini-itu, apalagi *nyoba* ikut ini-itu untuk menggali bakat anak. Tugas saya betul-betul hanya mengamati dan menunggu momen anak menemukan sendiri '*passion*'-nya. Saya ingin anak tumbuh inisiatif internalnya, bukan karena motivasi eksternal.

Saya tidak pernah menawarkan, sengaja membelikan mainan atau benda yang bergenre 'mencerdaskan anak'. Terbukti, anak saya sendiri yang memilih mainan sejak usia bayi.

Ketika usia 7 bulan, saya membawanya ke toko bayi. Saat melewati bagian mainan, tangannya langsung mengambil suatu benda geometris yang bisa digenggam. Usia 3 tahun, lagi-lagi saat dibawa ke toko mainan, ia memilih sendiri legonya. Waktu itu saya sempat membujuk agar tidak membeli mainan yang dikasih warning: *tidak boleh untuk anak di bawah usia 3 tahun.*

Di situ Yahya mulai punya kebiasaan baru. Begadangnya, sih, masih tetap, tapi setidaknya dia sudah mulai anteng main di kamar dan tidur sendiri jika *ngantuk*. Dia mulai mengenali kadar *ngantuknya*, capeknya, kapan butuh mainnya. Lama-kelamaan, pola itu terbentuk sendiri. Anak saya jadi mulai membangun disiplinnya sendiri tanpa perlu saya senewen menggunakan berbagai cara agar anak bisa tidur lebih cepat. Tidak perlu mencekoki dia dengan susu botol biar cepat ngantuk. Tidak perlu ikut-ikutan capek lari-larian.

Dalam psikologi klinis, istilah lapar otak ini juga istilah yang disematkan pada anak-anak yang dikategori ADHD yang cirinya: susah konsentrasi, impulsif emosinya, agresif, dan tidak teratur jadwal tidurnya. Padahal menurut saya, hampir semua anak mengalami yang namanya 'lapar otak'. Hanya saja ada yang diekspresikan, ada yang tidak. Justru anak yang terlihat 'sulit' di masa kecilnya lebih mudah dideteksi, karena anak memberi alarm pada orang tua agar membantu anak menemukan cara memenuhi kebutuhan otaknya.

Anak-anak yang 'adem ayem', malah sering muncul masalahnya belakangan jadi anak yang susah diatur. Padahal *point*-nya, *mah,* sama: lapar otak. Mesti ketemu 'makanan' yang pas buat otaknya. Ibarat tubuh, jika tidak dikasih asupan nutrisi yang pas, ya, jadi kanker.

Nah, jika anak Anda punya masalah, jangan segera buru-buru mencari *tips-n-trick* untuk menanganinya. Direnungkan dulu. Diskusi dulu dengan ahlinya. Bertahajudlah dulu, agar ketemu apa yang menjadi inti masalahnya. Anak itu sarana belajar banget untuk orang tuanya. Manfaatkan keistimewaan itu!

AKIDAH

"Tante, sebelum ada Nabi Adam itu... Allah itu sama siapa?"

"Sebelum ada Nabi Adam itu Allah hanya sendirian. Waktu belum ada malaikat, belum ada manusia, bahkan belum ada langitnya, belum ada buminya, belum ada planet, matahari dan benda-benda langit mana pun. Allah hanya sendirian. Bayangkan seperti apa alam ini ketika Allah hanya sendirian, tanpa ada langit dan bumi?"

Mulut kanak-kanak itu hanya ternganga dengan mata membulat indah, ekspresi dari rasa takjub. Tanda bahwa akidah mereka mulai tersentuh.

Ibu-ibu, Bapak-bapak. Ketika kita sibuk mencari sekolah terbaik, sibuk mengantar anak les ini dan itu, sibuk mengajak anak ikutan kegiatan ini-itu, apakah yang menjadi tujuan akhir? Apakah sekadar menyiapkan *skills* mereka sajakah? Apakah agar mereka bisa *survive* dengan *skills* dan kemampuannya? Apakah sekadar menemukan minat bakat?

Kenapa kita *keukeuh* sekali berkutat untuk menemukan minat bakat? Dari mana sih, asal bakat itu? Bukankah tiap manusia lahir membawa talenta? Jadi darimana asal talenta tersebut?

YA. Talenta berasal dari TUHAN. Tiap manusia lahir membawa talentanya. *So?* Pencarian bakat = pencarian Tuhan. *Means what?* Itulah yang dinamakan dengan: AKIDAH. Bahwa segenap pembelajaran dalam kehidupan muaranya hanya satu: Mencari Tuhan.

Jadi, segala *kerempongan* kita *nganter* anak ikut kegiatan ini-itu, les ini-itu, belajar ini-itu, tujuan akhirnya, ya, untuk menyentuh akidah. Rasa keberimanan insan, suatu rasa primordial yang dimiliki oleh semua insan yang dicipta dari tangan ALLAH.

Kalau rasa itu TAK terbangun, bisa-bisa *skills* yang mereka miliki malah membuat mereka sombong: merasa bahwa dirinya lebih penting dibanding yang lain. Merasa kiprahnya paling bermanfaat. Ujung-ujungnya merasa bahwa agama hanyalah omong kosong belaka. Tidak tersentuh hatinya ketika ayat Allah dipermainkan. Alih-alih lebih KAGUM pada hasil kerja orang. Padahal Fir'aun, Namrudz, itu dikenal dengan pembangunan kotanya yang jorjoran. Mereka bisa membangun kota yang hebat, tapi malah kena azab. Pelajaran besarnya adalah: Apapun yang dibangun tanpa landasan iman, tanpa akidah akan berakhir seperti serpihan dandelion tertiup angin... (haish!)

Bagi orang beriman, amal saleh adalah ekspresi iman. Ujung-ujungnya mereka akan membangun kekaryaan juga. Kekaryaan yang bermanfaat bagi dunia dan menjadi amal yang akan menyelamatkan di alam akhir kelak. Kekaryaan yang bukan bertujuan jorjoran duniawi semata. Apalagi untuk pamrih meraih sesuatu: entah ketenaran, merekrut massa apalagi untuk mengubah ideologi orang. Melainkan kekaryaan yang sesuai misi dirinya, sesuai dengan untuk apa ia diciptakan di muka bumi. Bukan sekadar bakat bisa main piano dan sebagainya, tapi ada tujuan apa dengan disematkannya bakat tersebut pada seseorang.

Dalam mencari kegiatan, tentu awalnya mesti berbasis pada tahapan usia anak. Sesuai dengan norma dan budaya. Apa fokus pembelajaran anak di bawah usia 6 tahun, fokus pembelajaran anak usia SD, maupun remaja, mesti dibedakan. Mesti dipahami *milestones*-nya.

Meski, sekali lagi, pada intinya: BUKAN dari BANYAK-nya—*baik banyak kegiatan atau banyak ketemu orangnya*—yang menjadi fokus kegiatan, melainkan mencari kegiatan yang menyentuh rasa akidahnya itu.

Apa sih, tanda tersentuhnya akidah itu? Seminimalnya dari tumbuhnya KETAKJUBAN pada TUHAN.

Sebagaimana ilustrasi di awal tadi, ekspresi takjub yang tumbuh itu sebenarnya diawali oleh pertanyaan mereka sendiri, tinggal kita meresponnya dengan baik. Bayangkan bila pertanyaan tersebut dialamatkan pada orang yang mati hati. Yang tidak percaya akidah. Jika salah penyikapan, bisa membuat orang apatis pada agamanya sendiri. Kemudian rasa apatis itu diekspresikan melalui 'sikap netral' atau apapun itu. Padahal seekor semut pun menyatakan penyikapannya terhadap Ibrahim dengan langkah kecilnya. Suatu langkah kecil yang dilandasi niat yang benar akan berlipat ganda dalam pandangan ALLAH. Sebaliknya, langkah yang keliatan keren bisa tidak bermakna apapun. *Naudzubillahii dzaliik*.

Yang menjadi pengukurnya adalah: RIDA ALLAH.

Jadi, mari tumbuhkan ketakjuban pada Tuhan dalam diri anak. Jangan hanya terpaku pada: menemukan bakat, *passion*, dan sejenisnya, karena itu hanya stimulus untuk menggali esensi dari pencarian itu semua. Tidak penting dari banyaknya. Semakin banyak diberi materi belum tentu berbanding lurus dengan daya serapnya. Tidak penting juga ketemu macam-macam orang. Apa dengan ketemu sekian banyak orang akan makin bijak? Belum tentu. Penyikapan dari figur yang menjadi teladan itu yang lebih ber-MAKNA bagi anak.

Sesekali sampaikan pernyataan yang memancing imajinasi spiritual mereka, misalkan:

"Nak, gunung yang sebesar dan semegah itu bisa runtuh, lebur, rata dengan tanah hanya karena menerima satu kalimat Allah, satu kalimat Al-Qur'an saja. Bayangkan dahsyatnya sebuah ayat yang bahkan sebuah gunung perkasa sekali pun tak mampu menanggungnya...."

Dari situ kita tak perlu lagi bicara panjang lebar. Jika di hatinya sudah tumbuh rasa takjub pada Tuhan, dengan sendirinya ia akan paham kenapa demikian gigih umat melakukan pembelaan pada ayat Allah demi menyatakan suatu penyikapan....

KONTAK MATA

Ibu-ibu, jika dihitung berapa kali sih dalam sehari kita melakukan kontak mata dengan anak? Lebih lama mana kontak mata yang ditujukan pada anak dan kontak mata dengan *gadget*? Eits, tidak usah malu. Sama kok, dengan saya, *lamaan liat gadget, ya tho?*

Seringnya malah saya melakukan kontak mata saat ingin memberikan penekanan tertentu, sebagai '*push*' agar anak melakukan hal yang saya minta. Ya... sebelas dua belaslah dengan tatapan tajam dan *belotot* ala 'tatap mata saya'. *Seyem pisan enggak, sih?*

Ibu-ibu kalau *dipelototin* gitu sama orang lain, *gimana* rasanya? Mungkin kita jadi dendam dan membalas dengan *ghibah* tak berkesudahan gara-gara selintas lirikan tajam. Duh, amit-amit deh, ah.

Nah, kita *aja* yang segede gaban, yang katanya sudah bisa kontrol emosi, masih tidak terima diperlakukan begitu. Apalagi anak-anak. Mungkin cara *belotot* tersebut dinilai efektif... untuk mengendalikan perilaku anak secara instan. Seminimalnya anak jadi *nurut, ngikutin* maunya kita. Tapi jangka panjang? Kita juga yang akan menuai buahnya.

Etapi, sadar enggak, Buibu? Momen kontak mata seringnya digunakan dalam situasi 'stres'. Jarang sekali, lo, kita melakukan kontak mata yang dalam dan intim dengan air muka penuh sukacita pada anak. Kalaupun sempat ngobrol, biasanya niiih ... yang ditanya seputar tugas sekolah dan sekitarnya. Dan, percayalah, Buibu. Semakin mereka diingatkan tentang tugas, semakin banyak tugas yang diabaikan.

Pada beberapa kasus yang saya lihat, beberapa anak bahkan merasa tidak dicintai, padahal ibunya terlihat sangat peduli dan sangat ingin membuat anaknya bahagia. Tapi kenapa, ya, si anak tidak mampu menerima sinyal cinta ibunya? Si anak kelihatan cemberut *aja* bawaannya, cemburu pada adiknya, dan ogah-ogahan jika diajak ngobrol.

Bisa jadi kuncinya pada kurangnya kontak mata. Kontak mata yang diberikan dengan binar mata dan wajah berseri.

Bangun kontak mata dengan cerita kita dulu, jangan membuka percakapan ala interogasi, semisal, 'Tadi di sekolah *ngapain aja?* Susah enggak ujiannya?' dan sejenisnya. Mending kita mulai dengan kisah kita sendiri dulu. Cerita apa saja, semisal: 'Nak, tadi Mamih nyoba bikin kue, udah ikutin resep pakai 5 kuning telur, terigu cakra 200 gram, mentega 100 gram, *dimikser* lama banget, sampai pegel, deh. *Liat nih,* tangan Mami masih bau mentega...' dan seterusnya. Atau, tentang pekerjaan di kantor, suasana perjalanan, apapun yang membuat anak merasa terlibat dalam komunikasi.

Jangan putus asa dulu jika anak belum merespon sesuai yang kita inginkan. Jangan juga mengeluh duluan dengan menyatakan, 'Enggak ada waktu, urusanku banyak, anakku banyak....'

Basi banget alasan itu, Mak.

Wong ke *gadget* aja kita bisa tekun, kok. Masa ke makhluk hidup enggak sabaran? Yaeyalah. Soalnya *gadget* kan diam *aja* mau kita banting juga. Kalau anak? Eh, tapi itu mengasuh anak itu jalan pintas meraih surga, lo, Maaak!

Jadi tidak *pake* alasan enggak ada waktu, ya. *Ngerasa* tidak *pinter* ngobrol? *Obrolin* hal yang menarik menurut Ibu. Merasa enggak ada tema menarik? Semangat dalam menjalani hidup, rasa optimis akan tercermin pada cara kita berkomunikasi.

Janji, ya, mulai sekarang sempatkan waktu untuk melakukan kontak mata sambil berbagi kisah. Perlu curiga, nih, kalau anak sering melengos, menghindari kontak mata.

Demikian juga pada Bapak/Ibu guru di sekolah. Sempatkan berbagi pesan lewat kontak mata. Kirimkan cahaya optimis melalui binar mata Anda. Mata adalah jendela dunia. Suasana hati kita akan terpancar melalui mata. Materi yang banyak tak akan bermakna tanpa melibatkan rasa.

Tidak semua anak mampu menguasai semua materi, tetap yakinkan mereka bahwa setiap kita dicipta dengan tangan rahman dan rahim-Nya. Bahwa wajah dunia tak akan sempurna tanpa kehadiran kita dan mereka.

IMAJINASI

Mak, pernah tidak sih berasa kok hidup tuh enggak lebih dari satu cucian ke cucian lainya? Dari *nyiapin* masakan ke masakan lainnya. Enggak ada selesainya. Kalaupun pakai *laundry* atau ada tukang cuci, tetap aja kok, ya, tiap hari mesti bergelimpang dengan rutinitas yang membuat kita kehilangan tujuan. Saking ribetnya, sampai ngeliat bulan dari jendela rumah *aja* enggak bisa, *kehalang* sama jemuran semua, Maaak. Mau mengintip langit malam sebentar saja enggak sempat, anak merengek-rengek bergantian. Apalagi kalau suami ikutan ngomel. Lagi heboh di rumah, eh, ini si emak sok romantis pula mau *liat* langit bertabur bintang. Berat nian hidupmu, Mak...

Ah, di tengah deru kesibukan rutinitas itulah kita perlu imajinasi. Imajinasi ini tidak sama dengan angan-angan panjang, ya. Bukan sejenis keinginan menjadi *princess*. Bukan *kepingin didatengin* ibu peri dan sejenisnya. *Bukaaan!*

Imajinasi itu kemampuan membayangkan suatu hal yang tinggi dan orisinal untuk membantu kita meluaskan atau menggeser sudut pandang.

Kok susah amat, yak.

Mudahnya begini, deh. Kalau kita lagi suntuk dengan banyak kerjaan yang begitu obsesif melekat pada keseharian kita, berasa enggak, sih, level *baper* kita jadi melejit tajam? Bawaannya *sensi* melulu. Tanpa sadar kita sedang menebar hawa panas di rumah. Wajar kalau kemudian anak kita melabeli emaknya sebagai 'tukang marah dan tukang ngomel'. Terus kitanya akan mendelik sambil berkata, 'Mama enggak marah, kok. Orang cuma *ngasih* tahu baik-baik, kok dibilang marah.'

Itu kan perasaan kita *aja* yang berasa jadi orang baik terus. Padahal anak udah mengkeret, atau sebaliknya makin melengos. Tapi masih untung, lo, Mak, kalau anak kita mau mengekspresikan kekesalannya. Ketimbang hanya diam-diam, terus tiba-tiba stress berat, saking emaknya enggak ngasih ruang buat anaknya protes.

Emosi jiwa itu, Mak, menunjukkan kalau hati kita lagi sempit sehingga jika ada suatu perubahan sedikit saja yang tak sesuai kemauan, bisa memancing emosi berkepanjangan. Kita pun jadi cenderung menghindari variabel/kegiatan baru karena berasa udah ribet.

Kalau sudah begitu kita harus apa, Mak? Coba, deh. Keluar sebentar saat malam, lihat langit, lihat bulan, lihat bintang. Bayangkan bintang yang kelihatan kecil itu memiliki sinar ribuan kali terang dibanding matahari. Bayangkan jarak antar bintang itu luar biasa jauhnya. Di galaksi kita saja jumlahnya sudah miliaran, apalagi yang di luar galaksi sana. Ada kehidupan seperti apa lagi di sebelah galaksi itu, kita tak pernah tahu. Apa daya kita dibanding terang cahaya bintang yang luar biasa itu? Pun kita jadi teringat bahwa iman adalah cahaya. Mungkin cahaya hati orang beriman seperti terang bintang tersebut. Kita hanya akan menaruh perhatian pada bintang yang terlihat bercahaya itu. Demikian pun Allah, hanya menatap hati yang bercahaya.

Hadis *qudsiy* menyatakan, 'Tidaklah memuat langit dan bumi-Ku, melainkan hati orang yang beriman.'

Masya Allah. Langit yang demikian luas, yang cuma satu galaksi saja, kita enggak bisa lihat semua. Tidak terbayang yang di luar galaksi sana.

Itu baru di langit pertama. Bagaimana dengan langit tingkat berikutnya? Enggak terbayang luasnya. Dan keluasan langit itu ada pada hati seorang mukmin. Tak heran, seorang mukmin tetap terlihat sakinah meski badai merubung dari segala arah. Karena begitu *luaaas* hatinya. *Jembar.* Kejembaran yang enggak bisa dibayangkan oleh akal kita. *Wong* indra kita pun enggak mampu melihat atau membayangkan kebesaran semesta ciptaan Allah.

Allah menciptakan keluasan itu untuk manusia. Semua semesta akan manut, patuh, terangkum dalam keluasan hati seorang mukmin. Allahu akbar!

Jadi, Mak. Begitulah kalau lagi kusut hati. Mari kita keluar sebentar menatap langit. Seperti kalau kita membujuk anak kecil yang sedang menangis, bujuk dia agar mendongak, melihat ke atas, ke arah yang lebih tinggi. Ini akan melegakan ruang hatinya untuk sejenak. Meskipun pas kita masuk ke rumah, cucian tetap anteng menanti sentuhan tangan kita. Kita kan emak dasteran, bukan ibu peri. Tapi percayalah, kita akan lebih segar menghadapinya. Anak-anak juga akan lebih senang melihat sekilat binar di mata kita.

Berdiam diri menatap langit malam itu, meski cuma sebentar, masya Allah, efeknya luar biasa menyegarkan. Ketika menutup mata, lintasan bintang di langit masih membayang-bayang. Daripada kita koar-koar saban malam menyuruh anak segera tidur, mending ajak sebentar keluar di teras rumah, duduk berdua menatap langit. Eh, itu kalau anaknya satu, *ding*. Kalau anaknya lima, berarti duduk berenam menatap langit, di antara kibaran jemuran dan denging nyamuk.

Bisa menikmati hal sederhana di tengah riuh rendah keseharian itu akan merangsang rasa estetika anak. Dia jadi belajar peka untuk menangkap momen indah di kesehariannya, mau sebelepotan apapun hidupnya. Tuh,

Mak. Jasamu tiada tara dalam mempersiapkan anak bangsa. Pantaslah surga di bawah telapak kakimu.

Amin.

AGRESI DI SEKOLAH

Anda mungkin pernah melihat ada anak yang menjadi '*trouble-maker*' di lingkungannya. Dia melakukan kekerasan fisik dengan sengaja, semisal: memukul alat vital temannya, memukuli temannya, mengejek, dan seterusnya.

Pemancingnya kadang sepele. Semisal, ada temannya yang tidak sengaja menyenggol, lalu si anak agresi bisa tiba-tiba menyerang balik dengan membabi buta. Atau, justru dengan sengaja mengajak temannya *berantem*. Ada juga yang tiap kali bermain jadi bablas, terlalu kasar dan berbahaya. Semisal: menenggelamkan temannya di kolam renang, membanting tubuh temannya, bahkan menginjak-injak tubuh temannya.

Mengerikan bukan?

Menariknya, anak-anak agresi ini ketika *dinasehatin* (dipanggil oleh pihak sekolah) justru menunjukkan ekspresi lugu, tatapan polos, *not guilty*. Khas anak-anak. Ekspresi inilah yang kerap membuat orang dewasa terkecoh hingga menganggap hal ini adalah peristiwa biasa bagi anak-anak.

Padahal, penanganan yang tidak tepat dari kita, secara tak sadar tengah memupuk bibit-bibit sosiopat pada diri seorang anak. Coba renungkan, Kenapa orang bisa menjadi korban/ target para sosiopat? Ya, karena tidak ada yang menyangka, para sosiopat selalu berlindung di balik wajah simpatik dan ekspresi lugu, tatapan polos, *innocent*, hingga akhirnya para korban masuk perangkap. *Naudzubillah*.

Kita mungkin berpikir, *Ah mana mungkin anak bisa manipulatif begitu?*

Ya, sifat anak-anak memang memantulkan insting psikis orang tuanya. Jadi coba telusuri gaya pengasuhan orang tuanya. Biasanya si orang tua akan berdalih, "Ah, kalau di rumah aman-aman saja."

Yaiyalah! Bisa jadi dia takut sama bapaknya yang gemar main fisik. Atau sebaliknya, orang rumah sudah hafal tabiatnya sehingga semua orang mengalah saja.

Nah apa jadinya jika guru terus-menerus mentolerir? Bisa terjadi 2 hal:

1. Anak lain akan meniru perilaku anak agresi tersebut
2. Anak lain akan menghindar dari si anak agresi dan MENGALAH demi tercipta suasana tenteram damai sesuai keinginan guru.

Tentu saja dua hal tersebut TIDAK SEHAT bagi pertumbuhan mental anak-anak.

Kenapa guru-guru mentolerir anak yang jadi *jeger* di sekolah? Anak-anak lain akan belajar bahwa perilaku tersebut diperbolehkan. Ini seperti efek bola salju. Perilaku *agresi* akan berkembang di lingkungan luar sekolah, seperti: di rumah.

Si anak *jeger* makin *jeger*. Anak lain makin memproteksi diri masing-masing. Ini tindakan wajar dalam menghadapi ancaman: *flight or fight?*

Tapi...

"Kasian, si anak *agresi* jadi sering *nangis* karena tidak ada yang mau berteman dengan dia."

Lalu, demi tangisan itu, guru meminta anak-anak lain untuk memaklumi kondisi anak tersebut dan menyuruh anak lain untuk tetap berteman seperti biasa.

Tepatkah anjuran guru tersebut?

Mari kita lihat.

Pertama, bukankah terasa kontradiktif: demi melindungi si anak *agresi*, guru justru 'mengorbankan' anak-anak lain dengan risiko kena dampak kekerasan fisik?

Jika betul merasa kasihan, bantu si anak *agresi* mengubah perilakunya agar disukai teman-temannya. Segera eksekusi dengan tindakan profesional.

Ingat, anak ini punya masalah perilaku, maka perlu tindakan yang persisten supaya bisa mengubah perilakunya.

Yang saya amati, kebanyakan guru hanya mengandalkan 'omongan' saja. Mencoba menasehati sampai berbusa-busa. Seberapa efektif? Seberapa bertahan dalam ingatan anak? Ya, kalau anak cerdas verbal, perkataan guru memengaruhi perilakunya. Anak yang lemah verbal? Masuk telinga kanan keluar telinga kiri.

Anak-anak dengan masalah *agresi* ini biasanya punya masalah verbal, jadi tidak bisa diatasi hanya dengan mengandalkan nasehat lisan saja. Gunakan bantuan psikolog untuk *screening* sensori-motorik, apakah ada gangguan? Apakah diperlukan *shadow-teacher*? Bagaimana cara mengalihkan perilaku *agresi*? Bagaimana pola asuh yang tepat? Terapi apa yang bisa dilakukan? Dan seterusnya.

Jangan sekadar menduga-duga. Jangan mengira-ngira berdasar *common-sense*. Jangan hanya sekadar berdalih, "Soalnya dia rendah verbalnya, jadinya sering main fisik."

Justru itu, jika sudah bisa mengindentifikasi penyebabnya, lakukan langkah-langkah yang sistematis untuk mengkompensasi kekurangan tersebut.

Jangan juga berdalih, "Tapi dia pinter lo, matematikanya." *Emang* kalau *pinter* boleh mengumbar *agresi?*

Kalau agresinya ke guru, bisa jadi dia iseng saja.

Tapi kalau agresinya ke orang yang tubuhnya lebih kecil/ lemah, itu *mah*, sudah sudah masuk kategori *BULLYING*.

Berikan juga pe-er buat orang tua di rumah, semisal:

1. Lakukan dongeng sejam menjelang tidur. Tentukan buku/tema dongengnya.
2. Buat jadwal bermain orang tua bersama anak.
3. Bikin tema percakapan antara orang tua-anak (rekam)

Guru/pihak sekolah berhak mengontrol kegiatan tersebut, jangan malah mengorbankan murid-murid lain agar mau menerima kondisi si anak tersebut dengan menafikan faktor risiko. Setiap anak punya hak untuk melindungi diri jika merasa tak aman dengan teman yang *agresi* tersebut. Kepekaan ini perlu dibangun agar mereka dapat berhati-hati saat berinteraksi kelak.

Kebanyakan guru berlindung di balik kalimat 'ini takdir Allah' saat terjadi insiden. Tapi yang perlu dikritisi juga: apakah kita sudah melakukan langkah optimal? Apakah kita bisa yakin orang tuanya di rumah sudah mengerjakan tugas pengasuhan dengan benar? Bagaimanapun kemampuan kita terbatas, maka optimalkan peran dari yang lain, termasuk dari ahlinya.

Jadi, jangan anggap remeh *agresi* seorang anak, apalagi kalau sudah memakan korban. Dari mana kita bisa mengukur/ menjamin bahwa tak akan ada korban berikutnya lagi jika kita tak melakukan langkah solutif? Mari bekerjasama demi anak-anak kita.

EMOSI DAN REAKSI

Suka *gemes* ya, kalau anak-anak merengek minta diizinkan main *gadget*, padahal mereka tahu itu bukan jadwalnya. Capek juga berulangkali mengingatkan.

Dari cara *rude-warning* semacam 'Pokoknya kalau Kakak tidak bisa Mama *bilangin*, nanti Mama hukum tidak boleh main *gadget* seminggu'.

Cara *hard-warning* semacam 'Kalau kebanyakan *nonton* nanti matanya rusak, lo!'

Soft-warning semacam 'Menurut Kakak kenapa Mama melarang main *gadget* kelamaan?'

Storytelling-warning semacam 'Nak, coba bayangkan. Kakak sedang berjalan ke suatu tempat, padahal Mama tahu di tempat itu berbahaya. Di sana ada jurang yang dalam, ular berbisa, dan pohon beracun. Kira-kira Mama akan bertindak bagaimana? Pasti Mama akan melarang habis-habisan, karena Mama mencintai Kakak dan ingin melindungi Kakak, meskipun mungkin cara Mama tidak selalu pas. Tapi intinya Mama mau melindungi Kakak. Sama halnya seperti saat ini: ketika Kakak merengek minta main *gadget*, Mama tahu ada bahaya jika main terus tanpa kendali. Makanya Mama bantu ingatkan Kakak. Mama minta maaf kalau kadang Mama agak marah atau kesal karena Mama kadang lagi sibuk dan Mama tahu Kakak sebenarnya *udah* paham aturan, tapi Kakak masih merengek juga. Kakak main yang lain dulu, ya. Bisa main lego, baca buku, main dengan kucing atau bikin skrip video tapi di kertas *aja* dulu, ya. Nanti Mama *temanin* kalau *udah* selesai kerjaan Mama. *Okay?*'

Yah. Semua tergantung suasana hati emak, lah.

Dari jenis *warning* tadi kita bisa lihat sendiri bagaimana respon anak. Mana *warning* yang paling melibatkan emosi negatif emak pastinya akan berefek pada reaksi emosi negatif pada anak juga.

Mana yang paling terasa *stresful* bagi kita saat menyatakan maka demikian pula efeknya akan bervibrasi pada anak.

Padahal kalau dilihat, bisa jadi kita tidak sedang sibuk-sibuk amat. Malah banyak lowong waktu di rumah. Tapi kenapa kok jadi mudah marah?

Nah. Menurut para ahli, ada baiknya kita meninjau penyebab saat-saat rapuh *(vulnerable)* tersebut, di mana kita jadi bersikap lebih reaktif dan emosional. Mulai dari fisik, seperti: pola tidur, kenyang enggak atau pms, kurang gerak badan (enggak pernah olah raga). Timbul perasaan bosan, tertekan oleh sikap toksik seseorang, merasa tidak produktif dan seterusnya.

Kalau sudah tahu apa penyebabnya, cari tahu apa yang bisa menetralisirnya. Mungkin mendengarkan musik pagi-pagi. Jalan-jalan keluar tiap pagi. Detoks medsos. *Leyeh-leyeh* di lantai sambil main kucing dan ngobrol dengan anak. Dipijat. Menulis. Berpakaian rapi dan duduk serius di meja kerja, meski ujung-ujungnya cuma beresin meja atau baca buku.

Coba mencari alternatif aktivitas baru di rumah, tidak mesti mengubah secara revolusioner. Lakukan dari hal kecil saja, Misalnya mencatat poin penting dari buku atau postingan media sosial yang kita baca. Kalau biasanya ke tukang sayur pakai sandal jepit, coba ganti dengan sepatu olah raga dan pakaian *training*. Jika selama ini hanya fokus ngaji *murottal,* coba selang-seling dengan membaca terjemah Al-Qur'an. Dihayati meski hanya satu ayat. Jika selama ini selalu memposisikan diri sebagai orang yang curhat, coba lakukan yang sebaliknya, belajar mendengarkan saja tanpa membandingkan dengan keadaan diri kita sendiri apalagi menghakimi. Banyak hal yang bisa kita jelajahi (eksplorasi) dari dunia kecil kita. Terlihat kecil namun efeknya jangka panjang. Karena saat kita stres pasti akan banyak keluh kesah, amarah dan frustrasi. Orang di sekitar bisa kena dampaknya.

Benar adanya, jika menyelamatkan satu diri (jiwa) sama halnya menyelamatkan seribu jiwa, karena efek perubahan dari satu manusia akan berpendar pada banyak manusia lainnya yang bersentuhan dengan diri kita.

Meski hanya bersentuhan dengan satu dua orang, tetap saja, jejak persentuhan itu akan terefleksikan jauh dari yang bisa kita bayangkan.

Jadi, mulailah melihat bagaimana cara kita bereaksi atau merespon anak-anak. Dari situ kita bisa mengukur kadar stres yang sedang kita alami. Obatnya tentu dari diri kita sendiri, bukan dari mereka. Mereka hanya stimulus untuk mengungkap keadaan diri kita yang sebenarnya.

Beruntunglah jika kita masih diberi pengingat seperti itu.

MALIN KUNDANG

Siapa tak kenal legenda ini? Meski berupa mitos, namun terkandung pesan yang dalam. Pesan untuk siapa? Bukan. Bukan untuk anak kita. Justru bagi kita: kaum ibu.

Kisah tersebut menjadi pelajaran bagi kita semua betapa 'bertuahnya' ucapan seorang ibu. Kita mungkin enggak akan sampai melontarkan sumpah serapah seperti Mak Malin Kundang itu secara sengaja, tetapi apakah kita bisa menyadari kalau banyak perkataan maupun tindakan kita yang menyerupai 'tulah' tersebut?

Dalam pendekatan terapi dikenal istilah sugesti. Sugesti ini bekerja di alam bawah sadar dengan tujuan membentuk perilaku sesuai yang diharapkan.

Nah lo, terus apa hubungannya dengan kita?

Ya, Ibu. Ucapan yang kita sampaikan ke anak adalah luapan sugesti-sugesti yang diterima anak menembus ke ruang bawah sadarnya. Ketika kita mengatakan, "Nak, ayo cepat tidur, nanti kalau kurang tidurnya *dibangunin* malah uring-uringan, telat pula, nanti *dimarahin* bu guru."

Lalu apa yang terjadi esok hari? *Voila!* anak bangun uring-uringan, orang tua kesal dan marah-marah, anak telat, *dimarahin* guru.

Sepulang sekolah dalam kondisi kesal karena dimarahi guru, masih di'sorak'i orang tua dengan ucapan 'Tuuuh, kan. Bener kata Ibu. Makanya *nurut* kalau *dibilangin*. Jangan melawan... bla bla bla."

Buibu, kita bisa lihat apa yang dialami anak sesuai dengan dikhawatirkan ibu: bangun uring-uringan, telat dan *dimarahin* guru. Kata-kata ibu menjelma jadi 'takdir'. Lalu, alih-alih ibu berempati dengan '*bad day*' anak di hari itu, kita turut menyempurnakan dengan ucapan "Tuuuh kan. Apa ibu bilang...."

Ibu seolah merayakan kemenangannya, bersorak di atas penderitaan anak. Apa pentingnya kalimat sorak sorai itu, Ibu?

Bagaimana kita mau mengajarkan empati jika kita sendiri tak mau berbagi dengan apa yang dirasakan anak? Anak sudah terhukumi dengan perasaannya yang awut-awutan karena kurang tidur dan kena marah guru, tidak perlulah dikomentari lagi. Ini yang bisa memicu reaksi agresi atau bahkan frustrasi pada anak-anak.

Tanpa sadar, kita tengah menyemai sugesti-sugesti tersebut pada anak-anak kita. Jangan kaget dengan hasilnya, karena anak akan tumbuh sesuai dengan apa yang kita semai. Perilaku anak hanya memantulkan kepribadian orang tuanya.

Kita mafhum, tak ada orang tua yang dengan sengaja mengajarkan hal buruk pada anaknya. Kebanyakan memang tidak sadar, bertindak reaktif karena terdorong oleh kecemasan diri sendiri.

Kata-kata seorang ibu memang seperti dua sisi mata uang. Di satu sisi, ia menjadi suara yang merindukan, suara dengan nuansa primordial, suara yang bisa memotivasi. Namun di sisi lain bisa sangat menghancurkan. Menghancurkan konsep diri anak, menghancurkan harapan. Sama halnya seperti ibu Malin Kundang yang digambarkan sebagai pendoa sekaligus pengutuk. Meskipun kita berdalih bahwa yang kita ucapkan itu berupa 'konsekuensi' yang mesti anak kenali, tidak perlu dengan cara agresi begitu, Buibu. Dominasi kita dan ancaman yang kita tebar adalah bentuk intimidasi terhadap anak. Alih-alih melindungi anak dari kejadian yang tak diharapkan, justru kita sudah menjadi 'teror' dalam rumah. Pentingnya komunikasi dialogis agar tumbuh '*insight*' pada anak agar mengenal konsekuensi dari tindakannya, bukan dengan cara doktrin atau ancaman.

Ah, tapi zaman Mak Malin Kundang itu belum ada *parenting*, ya, *tho*? Zaman sekarang informasi bertebaran di mana-mana, kalau masih juga enggan belajar... Yaaaa... *gimana*, ya?

FABEL

Buibu, tunjuk tangan. Siapa yang anak-anak *piyiknya* suka hewan?

Bisa dipastikan hampir semua anak *sukaaa* dengan hewan. Entah itu kucing, anjing, burung, ikan, kelinci, kura-kura, untuk dipelihara atau sekadar untuk diamati, seperti bekicot di dedaunan, belalang, atau hamster.

Umumnya anak-anak suka dengan hewan.

Kenapa sih bisa begitu?

Kata para ahli, karena:

1. Ukuran hewan peliharaan 'terjangkau' oleh anak. Mereka merasa nyaman dan tidak terintimidasi seperti ketika ia berhadapan dengan orang dewasa yang mirip raksasa
2. Hewan bergerak berdasar insting. Dengan kata lain hewan akan patuh pada anak-anak yang memang sayang padanya.
3. Bahasa anak dan hewan yang sama-sama sulit dipahami oleh orang dewasa membuat mereka bisa saling 'empati'
4. Hewan-hewan itu bisa 'diganggu' kapan pun, tidak kenal lelah dan yang pasti tidak pernah *marah-marahin* anak-anak.
5. Karena faktor di atas itulah, anak kerap mengidentifikasi diri dengan hewan. Kalau hewan hanya memantulkan insting fisik mereka (demi bertahan hidup), sedangkan perilaku anak-anak sekadar memantulkan insting psikis (menurut Jung) sampai kemudian tumbuh kesadarannya.

Banyak lagi ulasan tentang mengapa anak suka hewan.

Maka itulah, para penulis buku anak menggunakan kisah hewan (fabel) dalam menyematkan pesan moral pada anak.

"Ah tapi saya, *mah*, maunya *ngasih* cerita fakta *aja*, bukan dongeng hewan yang bohong-bohongan. Pokoknya yang di Al-Qur'an *aja*."

Buibu *beneran* mengkaji Al-Qur'an? Coba lihat di Al-Qur'an, ada kisah apa saja?

Wooow ... banyak sekali digunakan kisah hewan alias fabel!

Contoh: Gagak dalam kisah Adam. Unta nabi Saleh. Burung Hudhud Sulaiman. Semut Sulaiman. Ularnya Musa. Tongkat Musa. Keledai Uzair. Sapi betina Bani Israil. Pausnya Yunus. Anjing ashabul kahfi. Laba-laba yang menolong Rasulullah, *bahkaaan* ... bonggol kurma yang menangis karena tak dijadikan mimbar oleh Rasulullah SAW, awan yang menaungi Rasul, juga ketika matahari ditahan oleh Yusak.

Apakah hewan dan tumbuhan bisa bicara? Bisa, dong. Bahkan mereka bertasbih kepada Allah. Ada ketersambungan bahasa universal antara hewan (semesta) dan kanak-anak, disebabkan nurani mereka yang masih bersih, masih belum terkontaminasi dengan dosa-dosa yang menggelapkan nurani.

Balik ke fabel tadi.

Anak di bawah 7 tahun, *mah*, jangan dikasih kisah perang terus, meski itu fakta belum tentu tepat bagi anak.

Allah memberikan konsep waktu di alam dunia ini agar kita mengkhidmati perjalanan usia anak. Sama saja seperti bayi yang mesti dikasih ASI dulu, kemudian makanan halus, lalu bertahap ke makanan padat.

Bukankah Allah memberikan berbagai ragam cara taat kepada-Nya? Nah, tugas kita membangun imajinasi ketaatan melalui berbagai kisah tersebut. Membangun daya juang itu tak selalu identik dengan tombak dan pedang. Membangun ketaatan itu tak sekadar menakut-nakuti dengan azab.

Jadi, mari kita mulai mendongeng lagi, dengan warna yang berbeda.

AGRESI BERMAIN

Dibutuhkan asupan protein dan kalsium yang lebih besar bagi ibu yang tengah mengandung anak laki ketimbang ibu yang hamil anak perempuan, karena pertumbuhan fisik anak laki mengambil peran utama dalam seluruh proses pertumbuhan.

Coba saja lihat bagaimana anak laki saat berinteraksi, pasti fisiknya juga ikutan main. Awalnya bercanda ... lama-lama gulat.

Awalnya main kata-kataan, lama-lama saling cakar.

Apalagi jika kakak adik usianya berdekatan, terlihat sekali kalau si kakak seperti ingin mencelakakan adik.

Kalau *dimarahin*, mungkin diam sebentar, lalu terulang lagi.

Diberi hukuman fisik? Oh, anak laki bukannya jera, bisa makin menjadi hasrat melampiaskan.

Jika selalu disalahkan terus-terusan, malah bisa kena gangguan kecemasan. *Wong* mereka tidak *ngerti* apa yang salah kok, dari tindakannya. Kan lagi main? Mereka memang tidak bisa mengukur akibat tindakanya tersebut, kok tiba-tiba si adik menangis.

Hal kecil seperti ini yang kadang bikin ibu merasa '*powerless*'. Bawaannya mau lari ke pantai... tapi setrikaan *numpuk*.

Di sisi lain, anak juga merasa si ibu pemarah dan lebih sayang adiknya. Kok marah terus, apa salah saya? Beda sudut pandang antara emak dan anak.

Jadi gimana, dong? Huhuhu (tangis seorang *mahmud)*

Pertama, mesti kita pahami dulu karakter anak laki secara umum itu beda dengan perempuan. *Wong* selama di perut *aja* mereka sudah *struggling* sekali diserbu hormon emak-emak yang beda dengan alam kelelakiannya. Ini yang menyebabkan bayi laki lebih banyak yang lahir cacat dan *stresful* ketimbang anak perempuan. Jadi kalau anak laki kita lahir dengan selamat ... mari sujud syukur.

Selengkapnya tentang anak laki bisa baca buku saya. #eh.

Setidaknya biar lebih paham dunia anak laki seperti apa agar ibu bisa lebih mafhum.

Balik ke agresi bermain.

Jadi, Buibu, anak yang awalnya *kelihatan* kalem dan jadi anak anak manis di rumah, begitu ketemu teman mainnya bisa keluar agresinya. Sama *aja*, lagi anteng bercanda sama ibunya bisa tiba-tiba *nabok gemes*.

Harap sabar, ya, Buibu. Jangan habiskan energi dengan perkataan kasar, pelototan apalagi menangis menyesali nasib karena merasa gagal jadi ibu. Masih *jauuuh* perjalanan, Bu. Masih banyak yang bisa kita lakukan bagi anak-anak kita.

Langkah kedua, bacakan kisah/cerita terutama sebelum bobo. Meski anak sudah bisa baca, tetap bacakan...

Kata Einstein: jika ingin anakmu cerdas, bacakan dongeng *(tales)*, jika ingin anakmu lebih cerdas lagi, bacakan lebih banyak dongeng.

Di Al-Qur'an ada *clue* yang lebih jelas lagi: kisah nabi sebagai penguat *fuad*.

Jenis bacaaan juga dipilih yang baik.

Untuk anak balita jangan dikasih cerita tentang azab, perang berdarah-darah. Jangan karena ingin membangun daya juang malah *diceritain peraaang* terus. Ada masanya.

Masing-masing usia mesti pas untuk dibacakan jenis buku apa. Ada usia yang harus distimulus imajinasinya.

Kemudian usia 7 tahun bisa memilih bacaan sesuai minat. Tapi jangan *ajarin life-skill* dulu ya, Buibu. Jangan biarkan anak berorientasi cari duit sejak dini. Biarkan imajinasinya terbangun hingga ke langit ketujuh.

Kenapa mesti dibacakan?

1. Suara ibu suara yang dikenal pertama sebagai penenang
2. Kompensasi dari agresi fisik. Sehingga anak lebih bisa mendengar perkataan kita.
3. Sugestif
4. Interaktif

Ya, seringnya anak laki jadi agresif karena otaknya tidak dapat 'makanan' yang pas. Mereka minta diajak main. Paling bagus kalau *ketauan* apa yang jadi minatnya, dijamin bakal anteng. Tapi bukan dari *gadget*, ya, Buibu. Apalagi kalau usia di bawah 9 tahun. Mereka tetap butuh interaksi dengan kita.

Terus, bapaknya?

Ya kalau *udah* ada bapaknya amanlah, ya. Suruh *gelut aja*. Sebagian tulisan ini, kan, trik untuk emak yang sehari-hari ngurus anak *lanangnya*.

Last.

Anak-anak sulit mendengar nasihat, tapi mereka tak pernah salah dalam meniru orang tuanya (pepatah-Pen.)

Selamat mendongeng malam ini.

KATA JANGAN

Pagi-pagi, ada yang *sharing* tentang 'melarang kata jangan itu ide dari YAHUDI'.

Kenapa? Karena di Al-Qur'an bertaburan kata 'jangan'. Jadi melarang kata 'jangan' = mengingkari Al-Qur'an (istigfar).

Padahal di kitab Taurat, kitabnya orang Yahudi, juga bertaburan, lo, kata 'jangan'. Ingat saja ketika Musa a.s. diberi wahyu di Thursina. '10 perintah Allah' semuanya berawalan kata 'jangan': jangan membunuh, jangan berzina, jangan menyekutukan Tuhan, dan seterusnya.

Baiklah, Kakak jelaskan sedikit di sini, ya, *kheuseus* untuk *adek-adek mahmud* yang baru belajar, secara Kakak kekenyangan dan ngantuk abis sahur. Mohon dipahami.

Dalam *parenting* digunakan dua pendekatan: 1.pahami usia anak, 2.pahami karakter anak.

Dalam konteks *parenting* sesuai usia anak, memang ada tahapan untuk meminimalisir penggunaan kata 'jangan', terutama pada usia balita.

Kenapa?

1. Jika menggunakan dua kata, misal 'Jangan pegang', maka anak cenderung mengikuti kata terakhir.
2. Setiap kata 'jangan' direspon 'abu-abu' di otak, sehingga membuat anak cenderung defensif.
3. Ketika ditolak dengan kata 'jangan', anak merasa ditolak dirinya, bukan pada perbuatannya. (Konsep gestalt)
4. Kata 'jangan' memberi sugesti negatif

Itulah sebab, penggunaan kata 'jangan' lebih sering memicu tantrum dan perilaku *reverse* ketimbang perilaku yang diharapkan.

Adapun penggunaan kalimat di Al-Qur'an yang bertaburan kata 'jangan' tentu harus kita lihat konteksnya juga.

Bukankah Al-Qur'an baru diberikan saat Rasul usia 40 tahun? Usia yang cukup matang dan perkembangan otak yang sempurna, sehingga kata 'jangan' tidak lagi nampak 'blur' di *precortex*-nya.

Jadi, anak-anak usia dini belum pas untuk langsung melahap Al-Qur'an dan terjemahnya, tidak serta merta harus mencekoki mereka dengan terjemah Al-Qur'an, nanti malah jadi doktrin. Tidak boleh doktrin ya dalam agama.

Kita bisa mulai dari *murottal,* membaca ayat-ayat pendek, doa, membacakan kisah nabi, kisah fabel dalam Al-Qur'an. Sentuh dulu hatinya melalui aspek estetika Al-Qur'an sebelum masuk ke wilayah hukum *(fiqh)*. Kemudian secara bertahap baru belajar Al-Qur'an secara paripurna.

Di hadis dikatakan, 'masuki agama dengan lembut...'

Jadi, sekali lagi, mohon lihat konteksnya. Pada usia berapa kata 'jangan' mesti diminimalisir. Agak *'jump'* kalau *ujug-ujug* dikaitkan dengan Al-Qur'an.

Meminimalisir kata 'jangan' ini memang agak melelahkan bagi kita yang sudah terbiasa pakai kata 'jangan'.

Kebetulan teman saya sesama psikolog juga meneliti tentang penggunaan kata 'jangan'. Meminimalisir kata 'jangan' valid untuk usia di bawah 6 tahun.

MENYUSUI = MENGALIRKAN PENGETAHUAN

Menyusui selama dua tahun memang sudah kita lakukan, tetapi esensi menyusui terus berlanjut. Fungsi mengalirkan pengetahuan akan terus berlangsung. Jangan sampai karena sudah keenakan *nitipin* anak di sekolah, orang tua jadi kehilangan keasyikan untuk membangun *bonding* dengan anak. Alih-alih jadi gagap ketika anak punya lebih banyak waktu di rumah. Jangan sampai anak kehilangan keasyikan dengan minatnya yang spesifik, hobinya yang individual (bukan individualistik, lo, ya), talentanya dan masa kontemplasinya. Semakin dini usia anak merupakan masa orang tua berperan penuh terhadap anak, karena di masa itu banyak muncul ide dan minat yang khas yang belum tercelup dengan minat sosial yang mendistraksi.

Usia 14 tahun, baru orang tua melepas kendali sedikit demi sedikit, Melepas kemelekatan secara total karena masanya bagi mereka untuk menentukan pilihan dengan logika dewasa. Mereka mulai kenal konsekuensi. Mau memilih sekolah sampai jam tiga sore atau *boarding* juga bisa.

Nah, kalau di usia awal (0-9 tahun) itu mereka sudah kehilangan minat individualnya, tidak bisa menikmati masa sendiri, kehilangan orientasi tentang tugas di rumah, ini sungguh menyedihkan.

Lamanya durasi sekolah membuat anak gagap untuk menemukan keasyikan di rumah, alih-alih mengalihkan pada *gadget*/ tv. Ini fenomena yang mengerikan, Buibu. Anak perempuan jadi tidak biasa *beberes* atau masak di rumah, *ngasuh* adik. Anak laki tidak biasa utak-atik mesin sama bapaknya. Dan banyak pendidikan rumah terabaikan akibat jam sekolah yang berlebihan. Jangan sampai jam sekolah merampas nilai-nilai yang hendak kita bangun dalam keluarga.

Mari kembalikan jam sekolah yang manusiawi. Jika pendidikan keluarga adalah yang utama, beri kesempatan orang tua mendidik anak di rumah juga.

Dalam suatu majelis, Rasulullah SAW mengingatkan para sahabat-sahabatnya, "Hormatilah anak-anakmu dan didiklah mereka. Allah memberi rahmat kepada seseorang yang membantu anaknya sehingga sang anak dapat berbakti kepadanya."

Salah seorang sahabat bertanya, "Ya Rasulullah, bagaimana cara membantu anakku sehingga ia dapat berbakti kepadaku?" Nabi menjawab, "Menerima usahanya walaupun kecil, memaafkan kekeliruannya, tidak membebaninya dengan beban yang berat dan tidak pula memakinya dengan makian yang melukai hatinya."

(HR. Abu Daud)

CINDERELLA COMPLEX

Bayangkan, semisal, saya seorang yang haus kasih sayang, keluarga tak memberikan perhatian yang cukup, eh ... tiba-tiba datang seorang yang demikian penuh perhatian. Bagaimana rasanya? Bayangkan, semisal, saya seorang yang rendah diri karena kurang harta, tidak cerdas, tidak cantik, kerap diolok-olok, dan banyak kekecewaan lainnya, tiba-tiba datang seseorang yang sesuai dengan impian saya dan memberikan segala apa yang saya butuhkan, atau, tiba-tiba saya jadi populer. Bagaimana rasanya?

Saya ibarat orang sedang kehausan, merasa dahaga, tiba-tiba melihat sekolam air. Buru-buru langsung ingin mereguk sepuasnya, padahal air itu hanya fatamorgana.

Dalam konteks psikologi, inilah 'khayalan yang dibangun' oleh seseorang yang disebut penderita *cinderella complex*.

Ketika seseorang, kebanyakan diderita oleh perempuan, mempunyai konsep negatif tentang dirinya, merasa terpuruk oleh kehidupan, kecewa atas dirinya, kemudian berharap ada seseorang yang datang menyelamatkan dirinya dan memenuhi semua yang dia butuhkan. Penderita sindrom ini, senantiasa membutuhkan kehadiran seseorang untuk mendongkrak rasa percaya dirinya.

Kenapa disebut cinderella? Karena diasosiasikan dengan seorang putri yang terkurung dalam menara dan membutuhkan seorang pangeran tampan berkuda putih untuk menyelamatkan dirinya mengarungi dunia.

Menara itu adalah gambaran konsep diri yang dibangun oleh penyerapannya terhadap stimulus lingkungan. Menara itu bisa berupa aturan, norma kehidupan, nilai-nilai, standar, trauma, kecemasan, apapun itu, yang sekiranya dianggap mengungkung dirinya, yang malangnya, membuat ia tak berdaya untuk lepas dari semua itu. Jadilah ia berharap ada seseorang yang berkenan menolongnya lari dari kondisi tersebut.

Seorang perempuan adalah bagian. Laki-laki adalah dunia. Maka, kenapa sindrom ini lebih sering dilekatkan pada perempuan, karena ia akan mencari seseorang yang dianggap menjadi dunianya. Perempuan berkhayal si laki-laki itu adalah wujud dari citra dunia ideal yang ia impikan. Parahnya, seringkali yang terjadi, perempuan itu akan kembali mengulangi kekecewaan tersebut. Ibarat keluar satu menara untuk masuk ke menara lainnya lagi, hingga membuat ia pun kembali terpuruk. Ia mengira sosok A dapat menyelamatkan dirinya. Ternyata sosok itu adalah jelmaan menara baru. Secara esensi, tak selalu sosok pangeran tampan yang menjadi targetnya. 'Pangeran tampan' itu bisa malih rupa dalam bentuk lain, seperti; harta, kecerdasan, popularitas. Ia mengira kekayaan itu yang akan menyelamatkan dirinya, ternyata itu adalah jelmaan menara berikutnya. Ia mengira telah keluar dari menara, padahal ia hanya berputar-putar pada menara yang sama. Bahkan, tak pernah beranjak dari menara tersebut.

Jika kita berpikir, bisa jalan-jalan ke tempat liburan itu menyenangkan, bahkan jalan-jalan bisa menjadi obat stres, berarti kita masih melihat sesuatu di luar sana masih lebih menyenangkan dari apa yang ktia jalani saat ini. Kita bekerja keras, menabung, untuk dihabiskan jalan-jalan dan rekreasi. Nah, ini juga bagian dari *cinderella complex* tersebut, hanya saja derajatnya berbeda-beda, agak lebih halus. Kok? Karena kita masih ingin 'lari' dan berharap menemukan warna kebahagiaan lain di tempat baru.

Mengapa bisa terjadi demikian? Mengapa manusia cenderung akan mengalami kekecewaan yang sama, meski kelihatannya telah 'pindah' dari satu kehidupan pada kehidupan barunya? Ya, karena pada dasarnya yang perlu diubah bukan tempatnya. Yang perlu diubah itu adalah *mindset*-nya, cara pandangnya dalam menyikapi dunia. Tapi, persoalan *mindset* ini adalah hal yang *ruaaarrr* biasa sulit. Sekuat apapun akal kita mencoba mengubah, paling hanya sedikit perubahannya. Tidak sampai mengubah gen.

Dalam Al Qur'an disebutkan, '... tidaklah Allah mengubah nasib suatu kaum hingga ia mengubah apa-apa yang ada di jiwanya.'

Apa-apa yang ada *pada jiwa*.

Memangnya kenapa jika ia tak mengubah jiwa? Apa yang bahaya dari sindrom ini? Ini bakal horor. Kalau lihat film-film horor atau film kejahatan, siapa sih yang jadi target mereka? Seseorang bisa jatuh dalam dosa besar seperti zina karena terjebak dalam fatamorgana tersebut. Sedang 'kehausan' lalu ada yang memberi kepuasan tersebut, kita langsung'mandi' enggak sekadar minum, padahal ... fatamorgana. Dan kita sudah terlanjur berlumuran kotoran. Ketika kita masuk dalam menara baru, kita akan menjaga kuat-kuat apa yang telah kita miliki, kita takut masuk menara lagi, padahal kita memang masih di menara tersebut. Ketakutan kita akan terus berlanjut. *Takut kecewa.*

Target kejahatan itu jelas orang yang kecewa dengan kehidupannya. Ketika seseorang sudah tidak bisa menghargai kehidupan yang tengah ia jalani, berarti ia telah menjual jiwanya pada selain Tuhan. Kebahagiaannya semata berupa si A, harta, kecerdasan yang dia agungkan, dan sejenisnya. Jika tak memiliki semua itu, maka ia tak bahagia.

Jadi, setelah kita mendeteksi bahwa kita masuk dalam kategori sindrom tersebut, apa dong solusinya? Ya itu tadi: mengubah jiwa. Tujuannya agar terbangun konsep diri yang positif. Konsep diri sejati, bukan sekadar di permukaan. Bukan sekadar kelihatannya percaya diri padahal rapuh. Caranya? Mulai dari menata kembali aspek syariat lahir: salat tepat waktu, pelajari Al-Qur'an, juga hidupkan sunnah. Maknai kembali syariat batinnya: tidak berkeluh kesah, tidak dengki, tidak *ghibah*, tidak bengis, khusyuk, ikhlas, sabar, hingga Allah mencintaimu. Tandanya adalah: munajatmu terasa lezat. Kuncinya jelas, *kembali pada agama*.

Kesannya klise, ya? Apa-apa baliknya ke agama lagi. Jika itu yang terlintas di pikiran kamu, tandanya memang kekecewaan itu sudah mendarah daging hingga kamu tak percaya lagi bahwa agama bisa menjadi solusi itu semua. Jadinya malah membenci agama sendiri, sinis dengan tokoh-tokohnya....

Ngeri, ya. Kita berasa hidup *happy-happy aja,* kok. Eh, ternyata *happy*-nya masih dalam waham kita sendiri. *Deep in your heart,* jiwa kamu merana. *Beneran!*

Jadi, apakah kamu masih berharap 'pangeran tampan' akan menyelamatkanmu? Apakah doa-doamu adalah demi mengharapkan pangeran tampan berkuda putih menjemputmu?

Eh, sekarang, *mah,* kuda putihnya sudah berganti jadi mobil, jabatan atau, seminimalnya, lulusan perguruan tinggi bonafid.

NEUROSAINS

Sebagai makhluk Tuhan yang paling unik, kompleksitas yang mengiringi perjalanan tumbuh kembang individu tak kalah rumit. Setiap fase merupakan peluang bagi terbukanya berbagai hal yang mungkin tersembunyi di fase sebelumnya, terutama dalam perubahan perilaku. Perilaku ini kadang sesuai dengan harapan, mengikuti tugas perkembangan psikis dan mendukung ke arah perkembangan yang optimal. Sebaliknya, perubahan tersebut juga dapat menjadi penghambat bagi perkembangan selanjutnya. Berbagai stimulus lingkungan seperti pola asuh, pola pendidikan di sekolah, interaksi dengan teman sebaya, pengalaman hidup hingga hal-hal yang bersifat genetik, tak pelak menjadi amunisi yang mempengaruhi perubahan perilaku setiap individu.

Ketika terjadi perubahan yang mengejutkan, seringkali kita mencari jalan keluar melalui berbagai hal yang di luar jangkauan: melalui para profesional, pengobatan, dan berbagai hal lainnya. Padahal di balik itu semua, ada pendekatan yang paling *primitive* namun memberi pengaruh yang signifikan.

Mungkin kita masih ingat ketika kecil saat terjatuh atau mengalami kejadian tak menyenangkan, dekapan dan sentuhan ibu menjadi pertolongan pertama yang paling membantu. Ketika seorang bayi menangis maka seorang ibu akan mendatangi dan mendekap erat bayinya ke dada. Hal yang sederhana, di mana semua spesies dibekali naluri afeksi tersebut. Ketika anak makin tumbuh dewasa, dekapan mungkin berkurang dan mereka akan mengganti nuansa dekapan tersebut melalui komunikasi yang hangat dan membuat mereka merasa aman menghadapi dunianya. Juga melalui sikap positif dan dukungan yang menguatkan sehingga mereka dapat menghadapi dunianya dengan cahaya optimisme. Meski tetap saja sentuhan, dekapan, bahkan pijatan menjadi penenang luar biasa yang dapat menggiring semua gerak saraf manusia kembali pada naturnya, sehingga dapat difungsikan secara optimal.

Rangsangan pada tubuh dapat mengaktivasi perjalanan *sinaps* yang mungkin terhambat oleh kebiasaan yang tidak baik. Suatu gerak tubuh yang tepat dapat memfungsikan *myelin* untuk melakukan koordinasi antar anggota tubuh.

Maka, para peneliti menemukan gerakan-gerakan yang ternyata dapat membantu kerja otak secara optimal. Kebiasaan-kebiasaan yang kita lakukan mau tak mau akan berdampak pada fungsi otak. Kebiasaan tersebut yang mungkin awalnya hanya berupa potensi yang ada pada orang tua, bisa menjejak pada anak, akan membentuk jalur atau rute pada peta otak manusia. Untuk mengubahnya, mesti dilakukan suatu modifikasi perilaku.

Mengubah perilaku yang telah terbentuk akibat kebiasaan, apalagi akibat jejak genetis sebagai predisposisi tentu tidaklah mudah, karena ketika terjadi penyimpangan kebiasaan, di saat itulah tubuh terutama otak mengalami tekanan (stres) berat karena otak telah teralihkan fungsinya. Melewati batas kesehatan, melampaui natur sebenarnya. Maka, para ahli mengajak kita kembali mengenali tubuh, kembali pada dekapan dan sentuhan, mendayakan fungsi tubuh dan otak secara optimal.

Untuk itulah *brain-gym* hadir sebagai suatu pendekatan preventif dan kuratif, demi mengembalikan manusia pada fungsi alaminya sebagai insan yang bertujuan, berorientasi pada pengenalan diri. Mulai dari mengenal kebiasaan fisik dan menstimulasi apa yang terbaik bagi diri kita, keluarga dan umat manusia. Mari berlatih *brain-gym*.

TENTANG PENULIS

Dian Noviyanti, ibu rumah tangga yang gemar membaca dan belajar. Hasil belajarnya ia dokumentasikan melalui menulis, sebagaimana yang diteladankan oleh Nabi dan wali Allah. Sabda Rasulullah shallallaahu 'alaihi wa sallam,

"Ikatlah ilmu dengan dengan menulisnya."

"Tulislah. Demi Dzat yang jiwaku ada di tangan-Nya. Tidaklah keluar darinya melainkan kebenaran."

Imam Asy Syafi'i rahimahullah berkata,
"Ilmu adalah buruan dan tulisan adalah ikatannya
Ikatlah buruanmu dengan tali yang kuat
Termasuk kebodohan kalau engkau memburu kijang
Setelah itu kamu tinggalkan terlepas begitu saja."

Sampai-sampai Asy-Sya'bi rahimahullah berkata,
"Apabila engkau mendengar sesuatu ilmu,
maka **tulislah** meskipun pada dinding"

www.ingramcontent.com/pod-product-compliance
Lightning Source LLC
LaVergne TN
LVHW040434051026
849517LV00002B/595
9798223567035